U0818777

开店高手

一定会用到的 36 个心理技巧

凡　禹◎著

江西美术出版社
全国百佳出版单位

图书在版编目（CIP）数据

开店高手一定会用到的36个心理技巧 / 凡禹著. --
南昌：江西美术出版社，2022.2
ISBN 978-7-5480-6896-9

Ⅰ. ①开… Ⅱ. ①凡… Ⅲ. ①销售—商业心理学
Ⅳ. ① F713. 55

中国版本图书馆 CIP 数据核字（2019）第044357号

出 品 人：周建森
企　　划：北京江美长风文化传播有限公司
策　　划：北京兴盛乐书刊发行有限责任公司
责任编辑：楚天顺　刘昊威
版式设计：尹清悦
责任印制：谭　勋

开店高手一定会用到的36个心理技巧
KAIDIAN GAOSHOU YIDING HUI YONGDAO DE 36 GE XINLI JIQIAO

凡　禹　著

出　　版：江西美术出版社
地　　址：江西省南昌市子安路66号
网　　址：www.jxfinearts.com
电子信箱：jxms163@163.com
电　　话：010-82093808　　0791-86566274
邮　　编：330025
经　　销：全国新华书店
印　　刷：北京柯蓝博泰印务有限公司
版　　次：2022年2月第1版
印　　次：2022年2月第1次印刷
开　　本：880mm × 1230mm　1/32
印　　张：8.5
ISBN 978-7-5480-6896-9
定　　价：59.00元

本书由江西美术出版社出版。未经出版者书面许可，不得以任何方式抄袭、复制或节录本书的任何部分。
版权所有，侵权必究
本书法律顾问：江西豫章律师事务所　晏辉律师

PREFACE
前　言

现在越来越多的人希望通过开店赚钱过上更好的生活，实现自我价值。但现实中很多店主由于经营不善导致关门大吉，不但没有挣到钱，还可能蒙受很大损失。可见创业开店机遇和风险是并存的。所以，在开店之初，一定要有一个合理的计划，方方面面均要考虑周全。任何一个生意兴隆的店铺背后，都有其工作人员奋斗的辛酸，有其不断总结经验、汲取教训的历程。

如果一个店铺的经营没能长久维持，原因肯定有很多。店铺的经营需要用心，不是你砸了钱把店铺立在那儿，大把的钱就可以滚滚而来，如果是那样的话，大家就都去开店了。任何一个店铺想要做好，需要精心筹划，需要在细节上下功夫，需要了解顾客的心理和需求，需要懂得怎样服务顾客，只有这样，才能赢得好口碑，吸引更多顾客前来。这其中任何一个方面，都是不能忽视的，否则店铺的经营一定会出现问题。

这是一本介绍开店高手和优秀的销售人员运用各种心理技巧赢得顾客信任，从而顺利达成交易的书。本书共六章，每一章有6个小节，共有36节。

第一章从店铺的选址、货物陈列、定价等方面，介绍开店高手是怎样运用心理技巧为店铺经营打好基础的。想要经营好一个店铺，就要先为顾客打造一个好的消费环境，提供一个好的购物氛围，让顾客进店后有一个良好的感觉和心情，从而在店里停留的时间更长，为销售人员和顾客交流沟通创造更多的机会。

第二章主要介绍在店铺经营中如何用周到细致的服务和诚信的态度来打动顾客。商家喜欢用“顾客至上”这句话来彰显对顾客的绝对尊重，商家的这种待客之道，主要是为了赢得好口碑，吸引更多的顾客前来店铺消费。事实上，一个店铺经营的好坏，其服务是否到位，的确是一个不可忽视的因素。因此，这一章从多个角度来讲述在消费过程中，交易能否达成与销售人员的态度和沟通方式有着怎样密不可分的关系。同时告诉大家，在开店高手看来，一个好的服务会为店铺带来怎样的经营前景，他们运用了哪些心理技巧，让顾客享受到舒适、愉悦的购物体验。

第三章主要想告诉大家的是，如何正确应对几种类型的顾客，如急躁型、犹豫型、理智型、挑剔型等。每个顾客都有自己的个性，而个性特征决定了一个人的行为方式。在和顾客打交道时，销售人员要懂得针对不同个性特征的顾客，选择不同的沟通方式，这样才能更容易获得对方的信任，为之后的成交奠定基础。销售是一个和人打交道的工作，在人际交往时，想要获得他人的好感，就必须了解对方的好恶，以免踩到他的雷区。销售人员在和顾客打交道时更是如此，如果沟通效果不好，将会影响顾客的购买欲，甚至发生不愉快的事情。所以，开店高手和优秀的销售人员，大多深谙“看人下菜碟”之道，他们和顾客交流时，往往是在看似不经意中，便轻松地赢得顾客的喜爱和信赖，但一切并非如此简单。在销售活动中，由于顾客对销售人员心存戒备，所以，想要了解顾客的真实需求和己方的价格预期，就需要销售人员对顾客的言行举止加以判断，从而洞悉顾客的真实想法。

第四章将揭秘如何通过不动声色地观察、倾听、询问等来判断顾客内心的真实想法。尽管顾客不愿意让销售人员获悉自己的真实意图，但是一个人想要隐瞒内心的真实想法往往并不容易。心理学研究早已发现，人的真实想法，可以透过声音、话语、肢体语言等方面，不自觉地暴露出来。当顾客对某件商品产生购买欲望时，就算他什么也不说，开店高手和经验丰富的销售人员也能从他的微表情中发现端倪。正因他们善于观察，才能在顾客不动声色的情况下，或者在声东击西的问话中，看出和听出顾客的真实需求，并根据自己的判断，运用恰当的沟通方式让顾客放松警惕，最终达成交易。很多时候，顾客进店后，尽管销售人员向其推荐了商品，但出于各种考虑和衡量，在销售人员提出成交时，他也不一定会马上决定购买。在这个过程中，如果销售人员经验比较丰富的话，会采用各种沟通技巧，巧妙地引导和促使顾客成交。

第五章通过案例和理论的方式，向大家介绍开店高手和优秀的销售人员是怎样利用顾客的各种心理弱点，说服他们做出购买决定的。

没有成交就没有销售。在销售过程中，关键的一步是成交，最难的一步也是成交。一个店铺经营得好坏，取决于销售量。而一个店铺来的顾客多，不等于出售的东西就会多，所以能让顾客最后做出购买决定，是销售的重中之重，也是体现销售人员能力高低的关键。在销售过程中，很多销售人员尽管在服务态度和商品介绍环节都做得比较到位，但由于把握不好提出成交的时机，从而白白错失促成交易的机会；也有一些销售人员，由于对顾客释放的促单信号诱导力太低，从而错过成交的机会。本书第六章主要为大家介绍开店高手和经验丰富的销售人员，是如何运用高超的心理技巧实现成交目的的。

开店创业需要激情、资金，需要付出辛勤的劳动，但更需要用心经营，需要懂得如何和顾客打交道、如何处理顾客的各种意见，打消顾客的疑虑、获得顾客的信任，使顾客获得良好的购物体验，使店铺赢得好的口碑，只有这样才能生意兴隆，财源滚滚。

CONTENTS

目　录

Chapter 2 开店高手花在服务顾客上的小心思

Chapter 3 如何应对不同类型的顾客

Chapter 6　把握住成交的机会你就赢了

Chapter 1

开店前期工作一步不能错

店铺经营的好坏是由诸多因素导致的，而店铺的环境对客户的影响也是不可忽视的。不论是店铺的选址、室内装潢、外部环境，还是货物的陈列方式、商品价格的标识等，都是顾客进入店内一眼可见的，是留给顾客的第一印象。如果顾客对这个店铺的第一印象非常好，就会在店铺内停留的时间比较长，给销售创造更多的机会；如果顾客进店后，感受不好，自然会很快离开。可以说，现在的消费者，大都比较注重购物感受，所以店铺地段的好坏、店铺内的环境是否独特，等等，对消费者是否喜欢前来购物有一定的影响。因此，开店高手在店铺创立之前，就会用心挑选地段，注重店内装潢，给自己的店铺设立一个合适的定位，使其具有独特的风格，并会在货物陈列等方面下足功夫，以吸引顾客的眼球，争取让顾客停留在店里的时间长一些，使销售人员有机会跟顾客交流，向顾客推荐商品，并最终促成交易。

1

旺铺的基础是地段

——地利：选对位置方能财源广进

孟子曰："天时不如地利。"虽然这句话的原意是指军队在作战时其所占地理形势的重要性，但是把它用在商业经营中也十分妥帖。一个商铺，不管经营的是什么，如果在地理位置上没有占到优势，也很难成为旺铺。所以，商家在决定开店之初，为了获得更大的经济效益，必然会在店铺的选址上下大功夫。

店铺开在一个不合适的地方，就算里面的商品再好，生意也不可能太好。比如在建筑工地附近开一家高档服装店，在老人社区开咖啡店，都不是好主意。同样，在居民不多的小巷开一家面馆，即便你的面做得很好，光顾的人也不会太多。

“酒香不怕巷子深”这句古话，在今天的商业经营中已经不合时宜。

刘晓丽是个很能干的女人，曾经在火车站附近开面馆，生意非常红火。后来她老公误伤了别人，需要一大笔赔偿金，为了凑够这笔钱，她不得不将面馆盘掉。后来，为了生计她把自己居住的房子腾出一间来当面馆，重新开张。由于在车站附近开面馆时给顾客留下了很好的印象，听说她又开业了，人们纷纷赶过来吃面，一时间，她家的生意火得令人羡慕。可是没过多久，人渐渐少了起来。是晓丽的面做得不如从前了吗？当然不是，而是因为晓丽居住的地方比较偏僻，很多人觉得为了吃碗面走很远的路划不来，也就不再来了。现代人都比较忙，可选择性也多，当他觉得赶过来吃面不方便时，就会选择其他的面馆。难怪会有人感慨“酒香也怕巷子深”，此话恰好印证了商家在店铺选址方面的重要性，要多方考虑。

开店创业和办工厂开公司不一样，开店主要是以零售为经营模式，必须有一个好的位置。可以说，地段好坏是直接决定店铺能否长久经营下去的关键因素。如果在选址方面不够重视，将会给自己带来很大损失。事实上，有些人在开店之初的确没有重视这个问题。比如，有些人只是偶尔看到一则广告

“店铺廉价出租，请速联系”，便担心错失良机，于是没有对店铺周围的环境做一个科学细致地调查和分析，就火速签约。再比如，有的人虽然也认真考虑了位置的重要性，但是因判断有误，结果店铺开张后生意惨淡。开店高手在为店铺选址时，却会花费很大心思。在开店之初，他们就对店铺的选址问题深思熟虑过，因此，开张后生意大多越做越红火。

那么，在开店选址时，开店高手会建议新手注意哪些问题呢？

锁定商业圈。门店最好选择在对应的商业圈内。毋庸置疑，城市的商业中心是核心商业圈，居民区内是小商业圈，它们的作用和影响各有不同。这些区域是城市中客流量比较大、商业气氛浓厚的地带，一般情况下，生意都会很不错。所以，在确定开店后，应先进行调研工作，调研的目的是要先弄清楚自己要开的门店所属的商圈，如餐饮类、服装类、百货类等。要了解一个城市众多商业圈中的各自特点，然后根据自己的需求去寻找对应的商圈，并对商圈内的客流量、客流的社会角色，以及他们生活工作的节奏等进行考察，最后在对应的商圈内确定商铺。

满足顾客需求。在门店选址过程中，不要教条。虽然很多例子告诉大家，在人流多的火车站、地铁站、汽车站等附近开店顾客会更多，但是假如你的资金不多，没有能力选择更好的地段，在顾客步行不超过15分钟的街道上开设门店，也是可以考虑的。话又说回来，在繁华的地段也有死角。有的地方，虽然看上去车来车往，熙熙攘攘，但是不聚客，这也是很多开在闹市区的门店生意冷清的原因。总体来说，只要你所经营的生意和周边的环境相匹配，适应这一区域的人们的需求，那这里就是好地址。

店中店。如果资金充足的话，可以考虑店中店。也就是说，选择到大型商场和超市中设立门店。虽然这里的租金价格很高，但是大型商场和超市的客流量非常大，在这里开门店可以分享到庞大的客流量。众所周知，大型商场和超市会经常举办促销活动，店中店便可以依托这些活动，根据不同的季节来调整自己的商品结构，以达到经营目的。

是否有停车位。选一个有停车位的地方，可以方便更多的客户。假如你是开饭店的，尽管你家的饭菜做得很好，但是来的客人无法在店铺附近找到车位，那也会大大影响客流量。

选低不选高。所有的开店高手都知道，方便购买是客流量的保证，既省时又省力的地方也是一个选择的因素。同样在一家商场，有些顾客往往不愿意去楼上，在低层店铺看一看，转一转，有合适的商品顺手就买了，所以，选择门店时需要考虑一下它所在的楼层。

不要能看见卫生间的铺面。店中店不能选择靠近卫生间的地方。靠近卫生间的地方即便没有特殊气味，一般情况下，人们还是不喜欢去那里的店铺买东西，所以开店高手不会选择这样的店铺。他们更看好过道中间的店铺，很多时候人们买的东西，都是出自这些店铺，也就是说，那里的成交量会更大，所以开店高手建议选择租用这样的店铺。

选择拐角和边上的店铺。如果租赁门店的话，可以考虑商圈拐角和边上的门店。在商业经营选址中有这样一条要诀，那就是“金角、银边、草肚皮”。在同一个商圈中，门店生意的火爆程度也是不同的，主要原因在于门店的位置。开店高手会选择位于街角的店铺。街角地带是会聚四方人流的地方，人们在这里驻足的时间比较长，因此，街角的店铺人流比较大，生意当然会更好。而处于一条街两端附近位置的门店，由于是人流的进口，人们在刚进入商业区的时候，体力足，兴致高，所以，这里的店铺客流量也会很大。但是一条街的两头顶端部分的门店，生意一般都不景气，所以这里的店铺慎租。

开门店做生意是有风险的，一方面它有可能为我们带来持久丰富的资金流，使我们产生不断增进的经济效益；另一方面它也有可能使我们投入的金钱有去无回，不但没有达成最初的愿望，还会带来经济上的重大损失。所以，决定开店之前，一定要在门店的选址上下功夫。开店高手会在前期就做好市场调研，然后进行科学细致地分析之后再行动；他们不会急于求成，盲目地选择店面，以致遭受经济损失，甚至导致生意失败。他们深知只有经过慎重考察、深入分析才可能找到合适的门店，使日后的生意红红火火。

2

不可忽视的店铺装饰

——装修：打造良好的第一印象

人们都喜欢美女，喜欢妆容精致的人，因为这能给人以美的享受。一家店铺也一样，它给顾客的第一印象，也是它的形象，有时顾客就是冲着店面的形象走进去的。店铺装修也会给人一种形象上的定位，从而产生不同的顾客群体。可以说，店铺装修是改善其形象的重要手段。开店高手在为店铺装修时，会根据自己的定位，对店铺进行综合设计。一个环境优美、有特色的店铺一定会给顾客带来好的体验和心情，从而提升顾客的购买欲望。

给店铺做装修，就像给一个美女上妆，但又有所不同。在装修店铺时，开店高手先会考虑实用，其次才是考虑在风格上下功夫。在他们看来，装修店铺不能只求美观，应根据自己的经营定位、经营品类的特点进行科学合理的设计，以达到吸引顾客、提高工作效率、增加经济效益的目的。他们深知，一个成功的店铺装修，不会是对个性时尚的盲目追求，更不会是只为了装修而装修敷衍了事，那是自己的店铺，是未来为自己赚钱的地方，绝对马虎不得。所以，在装修时，他们会牢记一点，就是围绕顾客而进行装修，会考虑这种装修风格是否可以满足自己所设定的目标人群。如果不能，即便设计好的风格是他所钟爱的，也不会采用，因为他知道，自己的审美不能与目标顾客相冲突。

装修店铺需要考虑方方面面，应根据经营种类来设定，不同的商品种类必须依照其经营特点来设计。在店铺装修的设计上，开店高手主要会从以下几个方面入手。

材料的选择。现在市面上什么样的装修材料都有，所以在装修店铺时，开店高手在材料的选择上会很慎重。他们认为所选的材料首先应保持一致，其次实用性能高，并且装修材料要具有防暴晒、防腐蚀、抗寒的特性，这样店铺的耐用性会更高。

招牌设计。一个店铺的招牌就是一张名片，也是顾客一眼就能看到的东西，所以它留给顾客的印象会很深。招牌也是店铺打造口碑的一个重要环节，因此，为了吸引顾客，在招牌的设计上，开店高手往往会在新颖、简洁上下功夫。他们认为简洁才容易辨认，故而呈现在顾客面前的招牌字体清晰，色彩醒目，让人一目了然。当然，他们也会考虑招牌与自己店铺的经营品类在整体风格上的搭配。

店铺的整体色调。开店高手在装修中，会在色彩搭配上花费很多心思，他们认为色彩在装修中很重要。一般情况下，他们会选择以淡雅的色彩为主色调，这主要考虑到店铺售卖的商品种类繁多，如果店铺的墙壁涂成花花绿绿，会显得混乱，让人眼花缭乱。如果是服装店或者个性商品小店，他们在装修时，则会在色调的搭配上更具个性风格。

行为心理学认为，空间色彩对人的行为心理状态会产生一定影响，比如，在看到蓝色时，人们的内心会变得比较平静；看到红色时，人们会产生热情温暖的情绪；等等。色彩可以带给人很大的冲击力，因此，一些个性化的店铺装修，对于色彩上的要求会有所不同。个性化的设计在对色彩的采用上往往也是与众不同的。一个具有个性化的设计也是一种独有的标签，识别度极高，这样的设计自然会给人耳目一新的感觉。

其实，任何商品都具有自己明显的外在特性，所以具有个性风格的店铺在装修时，一定是充分考虑到了让那些商品释放出它们的特性，从而让顾客感受到它独有的品质。当然，不同的经营模式和商品品类，要选择适合它的店铺颜色来搭配，在用色上与之相互映衬，以达到最佳效果，给顾客带来不一样的感受和体验。

灯光设计。我们去商场会看到，在某些商品的展示台上或区域周围，商家都安装了品种不一的照明灯，我们往往也会被灯光下的物品所吸引，比如，首饰类的展示台、化妆品类的展示台、手表和服装展示区域等。我们之所以被吸引到这些物品的展示区，色调不一的灯光起到了很大作用。灯光下的这些物品像镀上了一层梦幻的色彩，足够清晰地让人辨别出某些物品的纹路，这也是开店高手在装修店铺时通过精心设计所带来的效果。也就是说，一个开店高手在装修店铺时，非常注重室内及商品展示区的灯光设计，他们知晓灯光有一种诱惑作用，可以唤起顾客对商品别样的情感，所以他们会针对不同商品，别出心裁地设计出让灯光与商品相互映衬的美感，以达到吸引顾客、强化顾客购物体验的效果。

在灯光设计上，开店高手往往会在这几方面花费心思：

店铺功能重点所在的方位，灯光要能最大化地使商品得到展示，思考运用怎样的方法使灯光对不同商品的展示达到最佳效果。

顾客来到店铺就是为了购买所需或喜爱的商品，所以店铺为顾客提供能够清晰展示商品的动机也是为了让顾客有更好的消费体验。为此，开店高手会根据商品的属性、尺寸、颜色、纹路等设计出不同的照明灯，从而达到让展示的商品具有诱惑力。所以，在设计上他们会注意以下三点。

亮度很高的橱窗。服装类和家居类的橱窗大都使用这种灯光，因为高度的照明效果，会更加吸引顾客的注意力。比如服装，当顾客走进店铺时，陈列在明亮橱窗里的服装会让人不知不觉地走近，并毫不费力地看到服装的质地和色泽。

照明度高的橱柜。商铺中，金银首饰的展示柜或展示区域都需要高强度的照明，这类商品在灯光照射下会发出耀目的光泽，通过这种展示能让人感受到它不菲的价值。

明暗不同的照明交叉运用。在某类商品前，可以运用明暗不同的照明方法，这样可以使商品更具艺术感。比如，玉石类首饰品展示台，通过这种灯光设计，会使它们的色泽、纹路看上去更具美感。

总之，一个开店高手会在店铺的很多细节处下功夫，墙面灯光、橱柜的隔层等都会有很富创意的设计，从而使商品在细节设计的映衬下熠熠生辉。

分类装修。为了给顾客营造一个更加舒适的购物环境，开店高手在店铺的设计上会非常注重格局。好的格局可以让顾客与商品的距离更近，各个区域之间的位置布局合理的话，顾客参观起来也会感到很舒适，并不知不觉地沉浸其中，这样的店铺自然会大大提升顾客的购买力。

店铺的空间布局。空间布局，主要包括商品空间、店员空间和顾客空间三个方面。开店高手会根据自己的商品特性，设计出适合它们的布局，如接触型布局、封闭型布局、环游型布局等，以便使顾客拥有最佳的购物体验。

店铺装修对开业后的经营活动非常重要，所以当一个店铺准备营业时，开店高手必然会巧用心思，打造出一个令顾客满意的购物空间，从而吸引更多顾客前来购物。

3

货物的陈列有讲究

——兼得：美观、方便又有序的巧妙安排

越是规模大的商场，客流量越大，这不仅是因为那里的商品齐全，还因为商场内合理的空间布局、货物的陈列，让顾客感到舒适。所以，在开店时，一定要利用好有限的空间，摆放更多的商品。如果不能合理利用空间的话，不但会使店铺显得局促、逼仄，也会使货物摆放显得凌乱无序，而顾客进入这样的店铺后，会心生烦躁，很难停留更多的时间。顾客一旦有别的选择，就不会再走进这样的店铺。

李梅住在城乡接合地带，附近没有大型超市，只有两家小超市。一个离她家有几十米远，一个有六七百米远。两家超市的规模差不多，店里的商品应有尽有，包括吃的、用的等

等。但是，每次买东西时，李梅都会选择远一点的那家，原因是近一点的这家超市采光不好，屋里的光线十分暗淡，货架和货架之间空隙很小，摆放的东西杂而乱，甚至货架上还能看到灰尘。

李梅每次进入这家近点的超市后，她都不想多停留半分钟。行为心理学指出，规模小而凌乱的空间，会让人产生压迫心理。因为这家店让她觉得压抑，所以她宁可多走几步路，去几百米之外的那一家。这家超市布局合理，货物陈列有序，让人感觉很舒适。可见，店铺内的货物陈列也是不可忽视的，这关乎顾客的购物体验。所以说，一个舒适的购物环境也是极具竞争力的。

现在人们的生活环境已经大大改善，一个店铺的美观、洁净、宽敞，内部货物的陈列，都越来越受到商家的重视。开店高手自然清楚，好的货物陈列会增强商品的美感，起到锦上添花的作用，而它所产生的影响和效果会带来更多的回头客，保证店铺的收益。没有一个人开店不是为了赚钱，每个店主都希望自己的生意越做越好，他们为了提高销量，不会忽视每一处可以打动顾客的地方。因此，在商品陈列这一块他们也会极为认真地对待。

那么，开店高手在陈列商品时会想到哪些方面呢？在回答这个问题之前，我们应该对陈列的功能有一个简单的了解。

首先是它的展示功能。也就是说，在一个店铺内必须设有展示区，店主将所要销售的商品有序地放在固定的区域内展示给顾客，使顾客了解和熟悉商品的使用功能，以达到让顾客购买的目的。

其次是方便功能。这一功能往往被没有经验的店主忽视，他们以为陈列美观是第一位的，这是错误的观念。因为，商品的陈列便于顾客拿取才是最重要的，当顾客想买某类商品时，就可以随手取下陈列架上的商品仔细观看。比如，看商品的出厂日期、失效期，使用方法和禁忌，等等。方便拿取，顾客才易于挑选。在同类商品陈列时，最好是纵向排列，因为人的视线上下移动要比左右移动更方便。

商品陈列除了要具有展示功能和方便顾客挑选的功能外，它还要具有吸引功能和刺激顾客消费的功能。

现代社会，人们的生活水平日益提高，文化教育程度也在不断提升，人们除了追求物质享受，也极在意内心的感受，更喜欢舒适的购物环境。所以，开店高手在考虑顾客方便购买商品的同时，还会对商品的陈列进行一些美化，以使商品的形象更加突出，给顾客留下深刻的印象。良好的、舒适的购物环境，会利用灯光的巧妙装饰、商品的色调搭配营造出一种温馨、浪漫的氛围，使顾客流连忘返。一个商品齐全、陈列有序、干净整齐的展示区，会带给顾客充分的信任感，在无形中提升了商品的价值。相反，一个光线不足、货物不全、商品随便摆放的店铺是很难吸引顾客的，这样的店铺早晚会关门大吉。

开店高手在陈列商品时，往往会从以下几个方面入手。

超市的货物陈列。经营超市的开店高手，在货物的陈列方面更注重利用醒目的颜色吸引顾客，所以，他会在临近超市入口处整齐有序地摆放各种鲜艳的水果。水果诱人的颜色和散发的芳香可以刺激顾客的购买欲望，新鲜的果品也会让顾客联想到店铺的货物更新很快，从而经常来店里买东西。另外，因为摆放水果的货架不高，所以不会遮挡顾客的视线，使其能更全面地环视店铺内的全景。

顾客在进入店铺购买商品时，大多会进入副通道，也就是货架与货架之间的通道。为了吸引顾客购买品牌商品，开店高手往往会将一些自带宣传力的商品摆放在超市的通道和副通道之间的货架上。这样摆放的目的是希望用品牌的号召力吸引顾客，使其停下来浏览附近的其他商品。

亮点商品和热销商品，开店高手会将它们摆放在更容易看到的地方，比如摆放在人的视线最容易观察到的区域，通常货架的第三、四层是最佳位置。

一些冷冻食品往往会摆放在超市出口区。冷冻食品离开冷藏区后，会很快解冻，摆放在超市出口区，就不会因为人流涌动使食品承受热空气过多而解冻。

商品陈列不能总是固定不变，可以隔段时间进行一次更新，这样会让顾客感觉到店铺生意比较兴隆。为了方便顾客购买商品，也不能对某一类商品随便更换位置。也就是说，一类或一种商品的陈列位置要相对稳定，这样会使顾客容易记住某类商品的摆放位置，以便下次来店里购买时，很快锁定目标。

服装店的商品陈列。开店高手深知，服装店的商品陈列关键在于色彩搭配和服饰搭配，这是基础，然后就是按照这一基础做出合理布局。有经验的经营者会对三面墙进行很好的利用，并通过对色彩、道具、灯光、高低台等的陈列布景，完成顾客进店后由远及近的视觉效果。好的搭配会使店铺显得丰满、整洁、美观，让顾客产生愉悦感，利于激发顾客的购买欲。这是服装店面的商品陈列应大体遵循的原则。当然，开店高手还会定期更新，比如根据季节不同更新陈列的商品，节假日时打造刺激顾客消费的特殊主题环境，等等。如果一个服装店在夏天还陈列冬天的衣服，肯定会给销售带来不良影响。经常更新服装款式，才能吸引更多的顾客前来。

在服装陈列中，还有一个关联原则。这一陈列原则，是开店高手为了使顾客在购买一件服装后激发起购买另一件服装的欲望而设置的，也就是端头陈列的服装与相邻摆放的服装有关联。这需要注意一点，那就是：两种服装的摆放不能太突兀，要合理过渡，否则很难达到好的效果。

另外，没有销售经验的服装店主可能会认为，多利用模特来展示服装的效果会更好。其实不然。开店高手认为，在使用模特的数量上一定要加以控制，过多使用模特会给顾客造成衣服质地不良的感觉，所以，模特最好用来展示款式新、质地好的服装，这样才更容易刺激顾客的购买欲。其实，服装店里最好有几个身材好的导购，让她们来做“活招牌”更有说服力。

在服装陈列中，如果能很好地利用色彩搭配，也会是一个不错的促销手段。在搭配色彩时，可以用冷色烘托暖色，在一个摆放杆上可以利用一定的冷暖色的比例来摆放服装。如果店主在服装的陈列上、灯光和服装的色彩相互映衬上、服装和服装的冷暖色调搭配摆挂上、服装与服装的关联，以及模特的合理运用上，都能巧用心思的话，就会打造出一个美观、整洁的服装店铺。

不论是服装店还是杂货店，在货物陈列上都需要用心来做。只有赏心悦目的、令人舒适的店铺才会吸引顾客，促进商品的销售。开店高手之所以能财源滚滚，就是因为他们会关注店铺的每一个细节。

4

便利店高手是如何进行商品定位和进货的

——结构：商品配置结构不可小觑

便利店和超市不同，它的营业面积相对小得多，比较大些的也就一百多平米，小的大概十几平米或几十平米不等。所以，便利店的营业空间十分有限。但由于便利店往往设在交通要道附近、居民区内、城乡接合地带等，确实为广大消费者提供了购买的方便，因此，如果用心去做，也会有不错的营业额。受限于它的营业面积，在资源的利用上，对便利店来说就显得十分重要了，一个几十平米或一百多平米的便利店，如果在商品配置方面没有一个合理规划，就可能会造成消费者需要的商品没有多少，不需要的商品却很多的后果。这样一来，由于不能更大程度地满足消费者的购买需求，久而久之，便利店的客源就会减少，店铺的收益受到极大影响，甚至会因经营不善导致关闭。可见，对于便利店而言，商品配置的规划合理与否，对其经营的成败影响很大。因此，一个开店高手必然会在商品组合配置方面做好前期的准备工作，以使店铺的商品配置趋于合理。

很多没有经验的店主，在进货和商品配置中会犯下这样的错误，如认为经营的商品品类越多越好。便利店不同于超市，便利店主要的功能是为消费者提供购买方便的，也就是以便利性取胜。在一个营业面积几十平米或者一百多平米的空间，若摆放的商品太多，会造成空间视觉上的拥挤、堆叠，而且由于消费群体有限，商品过多还会造成库存积压现象，给销售带来巨大压力。因此，有选择性地进货和规划合理的商品配置才能有效利用空间、减少资金投入。

有这样一家便利店，店铺面积只有十几平米。它开在一条街道上，附近是一个小型公寓，有几家小公司，距离不到一公里的地方有一个大型菜市场、一个中型超市。店主很聪明，他的便利店里商品种类很少，只有一些价格比较便宜的烟酒糖茶类物品、一小部分日常的生活物品，如牙膏、牙刷、简易打火机、洗衣粉以及两三种时令水果，而且摆在货柜中的每一种水果都不太多，但很新鲜，夏天的时候还售卖各种雪糕等冷冻食品。尽管这个便利店的空间不大，但由于商品不多，加之货架上的物品陈列有序，所以店内丝毫没有逼仄感。

上述这家便利店经营的物品虽然不多，但是生意很不错，每天顾客络绎不绝。白天路过这里的行人和附近几家小公司的职员常会光顾这里，晚上，住在公寓里的年轻人回到住所后，也会到这个便利店买些急用物品。公寓里住着的大多是年轻人，他们白天上班，晚上下班后回到公寓，生活需求不像居民区的人那样大。周末的时候，他们可以去稍远一点的超市和菜市场买回所需的生活用品，青菜、鱼、肉等，而附近的便利店，就是在他们急需某样物品时，为之提供购物方便的不二选择。所以，这个便利店在有限的空间里，不仅为居住在这里的年轻人提供了一定的方便，也为自己带来了不错的收益。可见，一个便利店的经营并非商品品类越多越好，而是能让顾客找到他们真正需要的商品。

那么，开店高手在经营便利店时，对商品的配置会有哪些考虑呢?

定位消费群体。一项调查显示，现在光顾便利店的大多是35岁以下的年轻人。这类人群大多追求便捷、随性、碎片化的消费方式，而且他们的月收入一般都在6000元以上，这些人在购买商品时，对价格并不很在意，他们更注重消费体验和环境的舒适度。而且，现在的年轻人很在乎时间成本，更愿意把时间花在休闲、娱乐上。他们喜欢订餐、买速食品，不喜欢拿出时间来自己做顿饭，将这类人群定位为便利店的主要消费者是一个较为明智的决定。有了这样的定位，就可以针对这类人群的喜好去进行店内的商品配置，力求推出适合他们的商品并及时更新。当然，开在不同区域的便利店面对的是不同的消费群体，如社区便利店，可以更多考虑附近居民、家庭主妇等人群，这些人都是潜在的顾客。针对这些人分析他们的日常所需，然后定位便利店的商品配置，如急需和实用的商品，这些考虑和措施都是便利店不可或缺的。

商品配置组合原则。开店高手在商品组合方面一定会注意即时消费品的配置，如鲜牛奶、方便面、香烟、酒水等；节日性消费品配置，如年货、中秋礼品；生活物品的配置，如香皂、毛巾等；还有一些急需用品，如雨伞、创可贴等。总之，在商品组合配置方面，要做好分类。开店高手一般会这样分类，如零食类、熟食小吃类、生活用品类、应急杂货类等。零食类商品不外乎糖果、坚果、休闲零食、饮料等，这些都是人们日常生活中经常购买的。另外，就是一些生活用品，比如洗涤用品、纸巾、烹饪调料等。除了以上这些商品配置组合原则，便利店还会根据顾客人群的需求特点，有针对性地选择一些特色商品，以满足广大消费者的需求。如便民服务类：收发快递、代缴话费、食品加热等，这些服务充分体现了便民的特性，对于便利店来说也是一种创收的途径。有些便利店还会利用区域优势，如果周边没有大型菜市场和超市的话，便利店就会在店里出售新鲜水果和蔬菜、肉类、鱼类产品，以满足附近居民的购买需求。不管怎样，我们开店的目的是方便他人并为自己赢利，因此，开店高手会时时关注周围消费群体在商品购买上的需求和用量，从而做出相应的调整，使店内的商品配置达到最大合理化，以促进商品销售，提升营业额。

在做好商品配置工作后，接下来就要考虑商品的采购问题了。在商品采购中，开店高手一般都会注意这样两点：购货渠道和商品选择。如果想要积攒更多的回头客，店铺内的商品质量一定要过关，一个只卖假货、劣货的便利店不管服务态度有多好，室内装修布局多么合理，都不会赢得顾客的信赖，也不可能长久经营下去。所以，选择采购质量过关的商品，是留住顾客的必要条件。而只有选择正规渠道采买商品，才会有质量上的保证。另外，为了避免积压货物，造成经济损失，可以选择能退换货的商家，或者是可以按比例回收商品的商家去采购。

采购时所选择的商品，要具有能满足更多顾客需求的大众化特点，以及具有急需性特点的商品。除此之外，还要考虑能形成关联性销售的商品。为了使便利店能达到整体盈利的平衡状态，也要选择可以薄利多销和回报率高的商品进行搭配采购。在选择同类商品时，最好选购小包装或者散装的商品，且种类不必太多，若太多会分散顾客的购买注意力。

为了不造成库存积压和滞销，在采购前要制订一个合理计划，这样有的放矢地去采购，避免造成不必要的损失。根据便利店的特点和空间大小，在采购商品时要尽量做到勤购、少买，以使店内的商品能时时更新，让顾客放心购物。

没有任何人能够不经过深思熟虑就可以把店铺生意做得红火，或者能顺利维持在持续赚钱的状态。当今社会，商业活动竞争力日益加大，想要赚钱，必须懂得经营之道，就算是一个小小的便利店，在经营方面也要先行做好采购事项和商品配置，以免因此导致经营不力。

5

服装店高手的商品定位和进货技巧

——规划：合理规划，精准圈定，才能不走弯路

很多小伙伴对开服装店非常感兴趣，都想开个店面试一试，但由于这个行业入行门槛较低、竞争压力很大，不少店铺的生意并不好。因此，想开店铺的小伙伴就希望有现成的经验可以借鉴。关于服装店的经营，需要了解的地方很多，但开店之初的定位是很重要的，而且影响正确定位的因素也很多。所以，在开店之前，开店高手会根据当地人的实际消费水平、购买习惯，自己的经济实力、特长和爱好，以及店铺的空间布局、服装货源等情况，做一个比较细致全面的考虑。

有些人办事特别急躁，说开店就开店，也不认真做市场调查，盲目投资。这显然是不理智的，毕竟投资失败会使自己

遭受经济损失。

张梦生完孩子后，就没有再上班，一直等到孩子上了三年级后，她才想找份工作，但因为一时找不到合适的，她便又改变了主意，想开家服装店。张梦性子很急，决定开店后，就在一条人流比较密集的街道租了门面，然后开始装修。一切准备妥当之后，她就去了外地采购服装。由于手头并不很宽裕，第一次采购回来的货品还没挂满店铺的三面墙。张梦是个比较时髦的女性，她采购的服装也都是非常时尚的。开张后到她店里看服装的人很多，真正买的人却并不多。因为她的服装太年轻化、太时尚，而小镇里的年轻人大多去了大城市打工，所以她的衣服一直挂在那里，卖出去的屈指可数。千辛万苦从外地采购回来的服装无人购买，这让第一次做生意的张梦受到了不小的打击，那段时间她愁得茶不思、饭不想。本来想孩子不用自己带了，可以出来赚点钱，结果钱没赚到，反倒压进去不少。这些服装卖不出去，本钱收不回，还要按月交房租，这可怎么办？思来想去，她最终决定得咬牙坚持，再去采购一批服装。

这次张梦没有像上次那么鲁莽了，由于生意不景气，她总结了一点经验，所以这次她在选购服装时，没有凭着自己的喜好去选，而是更加大众化，还选购了一些适合中老年人穿的。结果，这次选购的服装比之前的畅销了很多。张梦是一个善于总结经验教训的人，后来她的服装店在那个小镇上经营得有声有色的。这主要是因为张梦找准了定位，她的定位是一些三十多岁的上班族和中老年群体的服装，三十多岁的上班族女性在购买服装时，不仅注重时尚，更注重服装质地以及是否能凸显自己的气质。张梦就是针对她们的需求采购服装的；而给老年人选购的服装档次一般，这也很符合老年人的购买需求。可见，对于服装店来说，找准商品定位是何等重要。

任何店铺，唯有拥有了正确的商品定位，才能在激烈的竞争中生存下来。不然就算你贸然进入目标市场，也可能会被对手排挤出去。一个开店高手在经营服装店铺之初，就已经清楚这一点，所以，他们会根据自己的优势，确立商品定位，从而吸引更多的顾客光临。

准确的商品定位能够让顾客了解这家店铺的形象，起到导购的作用。所以，很多服装店铺会打造自己的个性，因为缺乏个性的服装店，是不容易吸引顾客的。有了准确的商品定位，就等于明确了消费群体，在接下来的商品组合、经营促销等方面就可以制订出合适、到位的策略。而且，在商品定价方面，也能避免与其他店面的价格冲突。

一个经验丰富的服装店店主，在商品定位时，会依据这样几个程序进行：一是对市场进行细致分类。也就是说，他们会依据顾客的年龄、性别、所在的社会层次等这些特征作为标准来细分，针对各类人群的购买特点，推算出市场的营业额度，从而制订商品组合。二是确定采购什么样的服装。了解和掌握目标消费者的购买需求，再根据自己店铺的经营优势，选定商品的主打组合，这样会让顾客产生主体意识，对店铺留下深刻的印象。三是既然有了商品定位，就要加强主打服装的宣传，使其形象在顾客心中更加明朗化。

有了一个合理的商品定位后，还要在进货环节多加小心，因为很多新手总是在进货的过程中，出现一些不可避免的错误。比如，很多新手在刚开店铺时，以为节假日人流大，可以卖出更多的服装，于是就会在节假日之前去上货，但这种判断是错误的。因为批发市场的商家也知道节假日是售卖服装的好时机，会有大量店主前来上货，所以他们会趁此机会把积压的陈货拿出来，进行清仓处理，而新产品往往会在节日后拿出来，以借着节假日热销的余温拉动消费。新手开店刚出现这样那样的错误是很正常的，任何人在刚刚接触某个行业的时候，都不可能一点挫折没有遭遇过，经验都是在一次一次的教训中总结出来的。

那么，一个开店新手须在进货时注意哪些问题呢？

节假日后进货。开店高手不会选择节假日前去进货，他们知道好货在节假日之后才会出现。比如五一长假，一般情况下，服装市场会在5月2日有大量的新款上市，所以这时候上货是比较合适的，而且这时候上货的商家也少，拿货的时间更加充裕，既避免了拥挤，也能拿到好货品。

初次进货量要小。作为新手在进货时一定要注意，初次进货要控制量，看好的款式每样拿几件就好，而且要多看多走。即便如此，由于店铺很多，刚开始进货时，不可能每家都走到，这样，难免会有很多适合自己店铺风格的商品会被漏掉，所以，要少进货。店铺开业后，你会从顾客那里得到一些反馈，也会慢慢地积累很多经验，了解哪些服装更受欢迎。如果开始时就进很多货，可能会因销量不景气导致商品积压的情况。

控制情绪。做生意的人大多善于察言观色，如果你是一个情绪外露之人，很容易被别人窥测到内心的真实想法。所以，在上货时一定要控制好自己的情绪，也就是说，在商家面前要保持淡定，如果你的表现过于激动，对方就会使劲忽悠你，夸你眼光如何好，并乘机向你推荐所谓的“爆款”。如果你爱面子、容易被忽悠的话，就会听从他的推荐，而实际上，他推荐给你的货很可能是不好卖的货，是积压在他手里的货。你一旦订货、付款，就不可能再给你退货或退款了。就算你揭穿他，他也不会承认。如果你不想遭遇这种情况，在拿货时就要保持淡然的态度。这样，他不了解你的心思，就对你无从下手。另外，有些商家会在他人看货时，拿上来很多货进行推销，这时候，一定要拿定主意，不管他说什么，不该要的货都不能要，不管他态度如何，毕竟钱是你自己的，就算他不给你好脸色，也不用介意，不该买的一定不要买。

脸皮厚点。俗话说：“脸皮厚，吃个够。”当你拿货时，要表现得跟商家很熟络的样子，让他以为你是老主顾。商家每天见很多人，不会每个人都记得，尽管你跟他套近乎，他也不知道你们是否很熟。所以，你的热情也会换来他的相对热情，这样做的结果就是，容易拿到“爆款”。

争取做到滚动结账。这是一种可以掌握主动权的做法。即可以在上货时多押一些钱在经销商那里，作为滚动资金。比如你这次只拿5000元钱的货，你可以一下子押在他那里2万元，再上货时，让他从里面扣除。这样，一段时间后，你就会取得他的信任。就算你的押金扣完了，他也给你货，也不着急跟你要钱。你欠他的钱，他就不会跟你太强势，更有可能是，一旦有了“爆款”，还会主动告诉你。当然，这一切都得在你有诚信的基础上，否则是行不通的。

除此之外，在上货的时候，还要注意防盗，不论是金钱还是物品都要放好，毕竟坏人还是有的，万一疏忽丢失了财物，就悔之晚矣。

服装生意，有的店铺做得好，有的店铺做得不好，其中的原因，当然离不开它的市场定位。因为只有进行市场定位，才能确定服装店在顾客心中的形象或位置，让顾客清楚这家服装店销售什么样的服装，它的档次、经营模式，等等，给顾客一个全面的印象。同时，服装店的定位明确了，必然会使相应的顾客群体前来购买，比如，休闲的或者时尚的等。这样就有了目标客户，就会对销售额产生一定影响；而在进货这一环节也能把好关，做到眼光独到，这样就会在同行中更具竞争力。

6

开店高手是怎样给店铺的商品定价的

——价格：可以促进销售的价格设定法

在服装店中，经常会出现这样的情景，一个顾客明明很喜欢某件衣服，但最后却因为和店主在价格上无法谈妥而放弃购买。生活中也经常有人说，去某个服装店看上一件衣服，但一看标价吓得自己连试穿的勇气都没有。还有时候，有的女顾客觉得某件衣服款式不错，但看到价格比较低时，也放弃了购买，原因是在她的心里有一个自己穿衣的价格定位，低于她心理价格定位的衣服，她会觉得质量没有保证，从而放弃购买。可见，价格的设定在商品销售中的影响有多大。

在商品销售中，销量的大与小，与价格的设定是密不可分的。销量如何直接关系到服装店铺生意的好坏。经营店铺一定要清楚，商品的价格对消费者的购买行为是有很大影响的。很多时候，消费者虽然想购买某种商品，但是由于价格超过了他的心理预期，他就会产生放弃购买的想法。不管在什么时候，人们都希望能用最少的钱解决最大的问题。在消费的时候更是如此，绝大多数人会把价格看得很重要，毕竟钱都是辛辛苦苦挣来的。而作为商家，应充分了解顾客的这种心理。做生意是为了赚钱，但前提是你得能让顾客心甘情愿地掏出钱包，为你的商品买单。相关研究表明，影响每一位消费者购买行为的因素中，价格是必不可少的一环。因此，商家在设定商品价格时，对于市场上由消费者反映出来的价格标准一定要给予充分考虑。如果忽略了这一点，制订出的价格违背了消费者心中的价格标准，会使消费者对价格产生不同的心理落差反应，这种结果必然会在很大程度上影响消费者的购买欲望。因此，想要促进消费者的消费行为，达到销售目标，就必须对消费者在商品价格上的认识所表现出来的态度以及行为，进行深入研究，然后制订出自己的价格策略。

制订一个合理的价格策略，才能规划出吸引顾客购买的价格定位。当然，并不是说价格低就能打动消费者，就像前面讲过的例子，在某些人眼里，价格低于其心理预期的服装，会被他们认为服装的质量有问题，所以低的价格同样不能吸引某类顾客。

那么，服装店想要赚取最大利润，又能留住顾客让他们掏出钱包，该怎样设定服装价格呢?

我们先来看一个故事。一个欧洲商人从外地购进了一批高档服装，但商人所在的城市并不富裕，穿着时尚的人也不多。商人以为自己的衣服与这里售卖的价格低廉的衣服相比，不论从款式上还是质量上来讲，都绝对强于竞争对手，所以，他给自己的衣服定的价位很高。结果，虽然很多人到他的店铺看热闹、开眼界，称赞他的服装时尚而且质量也好，但是买的人并不多，因为当地的生活水平有限，当地人在消费上的心理预期远远低于商人设定的服装价格。后来，商人采取了新的策略，将这批服装的价格下调到当地人可以承受的价位，使原本没有几个人敢碰的衣服很快卖得所剩无几。商人大大地赚了一笔。

还有一个故事，一个开丝巾店的新手为了争取客源，在进货的时候选了一批质量和款式都不错的丝巾，回来后他把这批丝巾的价格定在了和周边丝巾店的价格差不多的水准，但是前来购买丝巾的人却并不多。一天店主家里有事，让自己的朋友来帮着看店，结果朋友记错了价格，把原本定价为80元钱的丝巾看成300元钱给卖了出去，而且当天的成交量远远大于店主平时的成交量。可见，有时候顾客看重的也不是价格，而是物品的价值，当他们觉得物有所值时，价格高一些也是可以接受的。

从这两个故事中可以看出，商品定价对顾客的购买行为真的有很大影响，但这种影响并不全在于价格的高低。更多的时候，要看是否符合消费者的心理预期。很多商家为了在竞争中获胜，不惜采取低价销售策略，甚至宁可赔钱也卖，这种行为未必是正确的。因为有时候你卖得太便宜，反而会让顾客对商品质量产生怀疑。所以，商家在制订商品价格时，尤其是服装店的店主，一定要认真研究顾客的心理，然后制订出符合他们心理预期的价格。

那么，在经营服装店时，在价格的制订上都有哪些技巧呢？开店高手一定会把当地人的生活消费习惯、收入水平等考虑进去，然后利用消费者的心理，采取不同的定价策略。

优质实惠原则。开店高手会在进货时上几款价格不算太高，但是质量不错的衣服，并把它摆在店铺很显眼的位置，这样可以让顾客一眼就能看到它们。这种服装往往因为款式新、质量好、价格合理而受到顾客青睐。所以，这种服装具有吸引更多顾客前来购买的作用。

好的服装制订中等价格原则。一款好卖的服装定价要中等。人们的消费习惯，一般情况下更喜欢选中间价位的服装，因为店中的服装价位有高的也有低的，它就像一个参照，使人们的心理更倾向于中间价。所以，这种价位的衣服更吸引顾客。

低价促销原则。每个服装店都可能有几款服装不好销，这样就会造成商品积压，而服装受潮流的影响很大，一旦积压时间长，导致款式过时就很难脱手，所以，对不好卖的服装可以采取低价促销的手段。

阶梯式价格制订原则。当你拿到几款“爆款”产品，别人家店里又没有，服装质量也不错的时候，可以考虑把这些服装的价格制订得高一些，并将它们作为当季的主打服装进行出售。等到仿品上市后，再把价格降下来，以免出现被仿品顶替的危险。

陪衬性定价。很多开店高手会在主营服装价格打出较高价位后，再对一些服装制订较低的价位，这些服装在质量上或者款式上与高价位的服装形成一种对比，起到陪衬主打服装的作用，以显示主打服装在质量和价格上的匹配，从而增强顾客的购买欲。

采用季节打折的方法。我们经常可以在一个季节的尾期，看到很多服装店打出“低价打折”“买一赠一”“过季狂甩”等字样，这就是季节折扣的价格制订方法的体现。有经验的开店高手会根据淡旺季的服装销售量，和顾客购买的时间、心理价位等来决定是否打折、折扣多少。这种方法可以避免服装滞销。没有谁不愿意买到价格不贵、质量上乘的商品，所以当服装店打折时，很多顾客会根据自己的需求找到符合自己心理价位的衣服。

除了上述定价策略以外，还可以采取数字留尾法，也就是在制订价格时留一个小尾巴。比如，一件服装定价201元和199元给顾客的感觉是不一样的，有的顾客就只想买200元内的服装，那么199元的价位就在顾客的心理预期之内，而201元的价位就超出了顾客的心理预期。虽然它们之间只相差2元，但是这给顾客带来的感受却是有很大不同的，毕竟201又上了一个台阶。

作为一名服装店主，不管采用哪一种定价方法，都是希望能促进服装的销售量。所以，只有记住开店高手的这些经验，根据季节、顾客的消费习惯和心理以及他们对于数字的感觉去做功课，就能掌握商品的定价技巧，并灵活运用，在不同的情况下，制订出符合顾客消费预期的商品价格，从而激发顾客的购买欲望。

Chapter 2

开店高手花在服务顾客上的小心思

顾客在购买商品时，决定是否购买的因素很多，但销售人员的服务态度，一定会对顾客的购买欲望产生非常大的影响。在店铺经营中，如果销售人员无法和顾客在交流上做到和谐，无法让顾客感受到被尊重、被重视，必然会引起顾客的不满，甚至会引发顾客的大吵大闹，造成极坏的影响。销售人员一旦处理不好纠纷，顾客定会从此再也不登该店的门，且必然还会向很多人宣扬有损于这家店铺名声的话。因此，开店高手在服务态度方面应非常重视，在服务顾客时应非常注重细节，懂得如何恰当地对待各种类型的顾客，而且在发现顾客产生了不满情绪后，还懂得如何安抚顾客，懂得诚恳的态度、诚信的经商之道，才能使顾客在购买商品时获得良好的购物体验。

7

用细节打动顾客，赢得更多回头客

——细节：细微之处更能打动顾客

对一个店铺而言，如果回头客多，生意自然会更好做。店铺回头客多，一个因素是店铺的商品好，另一个因素就是服务好。两者都能让顾客满意，就会有一个好口碑，而好的口碑就会吸引更多的消费者前来，这样就会形成一个良性循环。而事实上，很多卖家只看眼前利益，觉得只要能把东西卖给顾客，就万事大吉。还有一些卖家只在商品上下功夫，在服务方面的努力却远远不够。而一个店铺想要维持良性运转，在竞争激烈的同行中保持屹立不倒，不论在商品还是服务方面都要用心去做，尤其要关注细节，毕竟“细节决定成败”，只有注重细节的人，才更容易取得成功。

中国台湾著名企业家王永庆 16岁时，在嘉义开了一家米店，当时嘉义有几十家米店，竞争非常激烈。王永庆因为资金少，不得不将米店开在一条偏僻的巷子里，而且店面很小。米店既不占地利，又没有规模，不具备任何竞争优势，所以，自开张后光顾的顾客非常少。

面对开店后的困境，王永庆想了很多办法去改变现状，但是似乎哪一条路都难以行得通——他想把店铺做大，手里资金不足；他想专门做零售，但是那些老字号的大的米店也做零售，而且他的店地处偏僻没有竞争力。为了打开销路，王永庆还曾挨家挨户去推销自己的米，并没见成效。为了让自己的店铺经营状况有所改善，王永庆想了很多，最终他得出结论：想要突出重围，必须有自己独到的优势。为此，他把提高米的质量和服务作为扭转劣势的突破口。

当时，台湾地区还处于手工作业阶段，稻谷收割和加工技术都很落后，所以，米里会掺杂一些沙子、小石子之类的杂物，这样做饭时需要反复淘洗，非常不方便。但不管是商家还是民众对此似乎已经习以为常，没有人想去改变这一现状。而王永庆决定改变这一现状，于是，他同家人一起，一点点地将米里的杂物挑出来，再放到店里售卖。这样一来，米的质量就优于别的卖家了，王永庆的店铺生意开始好转。

米的质量提高上去之后，王永庆又开始在服务的细节上下功夫。他把目光锁定在老年人身上。去粮店买米再运回家里，对老年人来说并不容易，而来王永庆店里买米的老年人不在少数，于是，王永庆决定主动送货上门，即顾客买米，店里负责送货到家。这一举措方便了很多顾客，到他店里买米的人越来越多。可以说，在当时，还没有哪个商家想到用送货上门这样的服务细节来打动顾客，但是王永庆想到了，而这样的细节也让他的米店迎来了大批顾客。可见，在店铺经营中，用细节打动顾客有多重要。

一个店铺想要在激烈的竞争中脱颖而出，除了商品质量的保证，在服务上下功夫也是势在必行的，毕竟现在的消费者对购物体验的需求越来越高。那么，一个开店高手会利用哪些细节去打动顾客呢?

产品描述一目了然。如果你开的是网店，就要在商品页面上把关于商品的信息尽量标注齐全，如规格尺寸、质量、颜色、款型、使用方法和是否保修等。比如，在网上开店的一些商家，通常喜欢在服装上标注均码，这个就不够精准，因为顾客不知道是什么码，自己是否能穿。如果商家将尺寸说清楚，并标明哪些身高和体重的顾客能穿的话，会更好销售。而且商品的图片要清晰，颜色不要有色差，很多时候顾客在网上看到的商品图片的颜色和买到家后的颜色会有很大差别，这样就会让顾客产生“上当受骗”的感觉，下次再购买商品时，对你店里的商品就会产生抵触情绪。

急顾客之所急。在实体店销售中，有时会碰到意外状况，比如一个带小孩的顾客进入店内购买商品后，外面下起了雨，可是小孩子一定要离开，这时店里的工作人员可以根据情况，在条件允许下为顾客提供一把雨伞，让顾客带孩子离开，什么时候来店里时再归还。这样的小细节也会让顾客在心里很感动的。一些附近居住的老年顾客，如果买的东西有些超重，店里在人手够用的情况下，也可以派人帮老人把货物送到家。

说到因细节服务让顾客感动不已的，不得不提某知名火锅店的周到服务。其品牌成功做大的原因之一，就是它独特的差异化服务。在网络上有这样一个描述该火锅店细节服务的故事：一个顾客去该店吃火锅，因为人多大家都在排队等候，当这位顾客排到门口时，正好马路对面有人发生了争吵，争吵的情形吸引了他，于是他就靠在门边瞧了起来。片刻工夫，门口迎宾的服务员就为他搬来了凳子，接着又端来了点心，并且对他说：“您先坐在这看，我们已经派人过去打听对面吵架的原因去了。”从这个例子就不难看出该店的服务细节做得有多么出人意料。

洗手间的清洁和用具配备。有人曾评价该火锅店的服务：除了不给你钱，什么都做得出来。该店的周到服务对顾客消费体验的舒适度体现在方方面面，除了店内专人服务和等餐区的服务令顾客记忆深刻外，卫生间的服务也堪称典范。为了保证卫生间的卫生，他们有专门人员对卫生间进行清洗和打扫。在洗手间区，配有纸巾、熏香、梳妆台，而且梳妆台上有棉签、润肤霜、啫喱水等物品，并时常更换。在女洗手间内还有提醒，即假如碰上特殊日子，有需要帮助的话可以找阿姨，避免了女性在特殊日子出现窘况的境遇。这点不得不说是该火锅店周到服务的充分体现。正是这种点点滴滴、无微不至的对顾客周到暖心的细节服务，让该店赢得了好口碑，不但使其拥有了一批忠实的粉丝，还不断吸引着更多的新顾客前来。

细节服务之所以能够打动顾客，是因为细节服务所体现的是一种人文的关怀，而只有真诚地为顾客着想，才能把细节服务做到精益求精。例如，同样经营美容店，有的经营得好，有的经营得不好，究其原因，并不都是技术问题，服务是否到位也起到决定性的作用。有些美容店里的美容师在细节服务方面就做得不是很好，他们在给顾客做美容护理时，不能做到专心，经常会一边给顾客做护理，一边和另一个美容师聊天，这种行为往往会令顾客心里很不爽，怀疑自己花了钱，应该享有的皮肤护理服务能否达到最佳效果。面部肌肤护理是一个很细致的工作，在给顾客做面部护理的过程中，美容师的手法一定要到位才能更好地进行肌肤护理，而手法到位的体现正是专注，所以一边聊天一边做护理，必然不会达到最佳调理效果。只有护理师在每一道程序上，都能仔细认真地做好，顾客才能放心地让其帮助调理。还有一些美容师，不管自己的手凉不凉就直接上手为顾客护理，这也是一个令顾客不满意的举动。试想当顾客躺下来等待美容师做肌肤调理时，在毫无心理准备的情况下，一双冰凉的手就已经触摸到自己的脸上，这是一种什么感觉！况且，在这种神经紧绷的状态下，对护肤品的吸收和渗透也不会产生好的效果。可是这一细节，有些美容师却没有放在心上，而这自然会带给顾客不好的消费体验。

另外，有些护理师在为顾客敷上面膜后就走开了，撇下顾客一个人躺在那里。虽然顾客敷上面膜后会尽量让自己小睡一会儿，但是有时候会有一些状况出现，比如顾客会感到面部发痒，或者自己的手机响了等，这种时候顾客是需要美容师在身边给予帮助的，如果美容师没有顾及这些服务方面的细节，无疑是会令顾客失望的。而美容师一直陪在顾客的身边，哪怕顾客没有需求，只要她能默默陪在身边就会令顾客产生安全感。所以说，一个值得顾客信赖的美容师一定是技术好、服务细致到位的服务者，也只有这样的美容店才会赢得好口碑，才不会丢失老顾客，又能吸引更多的新顾客。

细节决定成败。任何一个行业，在服务方面如果不注重细节，均可能会导致不良后果。现代社会，商业竞争非常激烈，在产品方面没有多大差别的情况下，卖的就是服务，谁的服务更到位，在细节方面做得更好，谁才越具有竞争力。任何一个开店高手，都会在服务方面花费心思。因为他们深知，良好的服务，对赢得回头客、吸引新顾客有着怎样的重大影响。所以，想要让店铺经营得长久，就要在服务的细节方面多下功夫，让顾客来到你的店铺内处处感受到细致入微的服务，获得在别的店铺难以享受到的良好的购物体验。这样，顾客就会经常光顾你的店铺。

没有任何努力是白费的，商家的用心顾客必然体会得到。就像某知名火锅店的周到服务，被人津津乐道的同时，获得的回馈是顾客一次次地去那里消费。不得不说，良好的服务，细致入微的人文关怀，是赢得回头客的法宝，更是店铺经营长久之道。

8

化解顾客的不满有妙招

——尊重：尊重顾客的建议，体谅顾客的心情

在店铺经营中，顾客发泄不满情绪的事时有发生。顾客进店消费，不仅因为有需求，也希望获得良好的购物体验。但有时候在购物的过程中，难免会发生一些令人不愉快的事。比如，店员的态度差，售后问题处理不当等，都可能导致顾客不满。但由于每个人的个性不同，有的顾客能控制自己的情绪，发几句牢骚就过去了，有的顾客则会暴跳如雷，必须讨个说法。不论问题出在哪里，顾客在发泄不满情绪时，商家都需要对其进行安抚。一方面需要息事宁人，一方面也是对顾客尊重的体现。当顾客感受到被尊重后，才有可能平息心头的怒火。

每个人都希望被尊重，从他人的尊重中获得一种自我价

值感。相反，自尊心一旦被伤害，反作用力就会非常大。所以，顾客处于暴躁情绪之时，如果感受不到来自商家的尊重，就会使他的情绪变得更加不可控。那么，面对顾客的不满和抱怨时，能否快速、正确、有效地予以解决，对店铺来说是很重要的。

一个开店高手在面对顾客的不满和抱怨时，首先应考虑发生这种事一定是有原因的，很少有顾客会毫无理由地瞎闹。所以，当顾客产生不满情绪和抱怨时，他能以良好的服务态度化解顾客的不满，帮助顾客解决问题。

那么，究竟如何去快速解决顾客的不满情绪呢?

态度真诚。在处理顾客的不满和抱怨时，要注意起码的礼节，应有的礼节是对顾客尊重的一种体现，也是真诚解决问题的态度体现。一句温和的话语，一个善意的微笑，都会有效地缓解顾客的不良情绪。

认真聆听。当顾客不满和抱怨时，工作人员应尽量先让顾客的情绪平静下来，然后让他把心中的不满先发泄出来，再请他说出自己的意见和需求。认真倾听顾客的不满，就是对顾客的一种尊重，也是解决问题应有的态度，而只有了解顾客为什么发火，才能找到解决问题的方法。

报以同情和理解。顾客表现出来的强烈不满情绪，带有很强的感情因素，所以，在这种情形下，一定要对顾客的情绪表示理解和支持，使顾客在态度上获得同情，从而使其激动的情绪得以缓解，这样才有可能与顾客顺利地进行沟通，获悉顾客不满情绪的由来，寻找解决问题的办法，使冲突得以圆满解决。如果工作人员在这一环节做得不好，可能会使不良事态进一步升级。

一家牛肉面馆，正是中午饭口时间，顾客满满地坐了一屋子。突然一个顾客大声喊服务员，服务员赶紧过去，看看顾客有什么需求，结果顾客指着一盘凉拌菜里的蟑螂给服务员看，不高兴地说："这是啥东西？"服务员是一个刚从偏远山区来的小姑娘，她看到蟑螂后也没多想，拿起桌子上一双筷子夹出来放到桌上转身就要走。顾客见状十分气愤，对着服务员大喊一声："你给我站住，这就是你们店里的规矩吗？"小姑娘一下子被顾客吓到了。顾客暴怒的声音也引起了其他客人和老板娘的注意。老板娘赶紧过来问发生了什么事，听了顾客的讲述，老板娘面无表情地说："哦，一只蟑螂啊？"然后对着那个服务员说，"换一盘吧。"说完老板娘就要走，因为店里太忙了，她没有时间跟顾客多说话。可是，老板娘的态度却让顾客更加生气了。他觉得老板娘的态度太轻慢了，根本没有把顾客吃出一只蟑螂的心情放在心上，只是一句冷漠的“换一盘”就想一走了之，这让顾客觉得好像自己是没事找事一样。所以他特别生气，一把拽住老板娘，大声吼了起来，不依不饶地跟老板娘理论了起来。这时，老板娘见这位客人不是好惹的主儿，就有些害怕了。刚巧老板从外面办事回到店里，见情形不对赶紧过来，费了好半天工夫，跟客人一再道歉，才把客人安抚住。其实，客人最初无非是想让服务员再换一盘菜；而由于服务员的过错，升级到老板娘出场；结果老板娘没有对顾客的不满给予理解和同情，只是冷漠地说换一盘菜，这更激怒了顾客。如果没有老板的妥善处理，事态不知道会发展到哪一步。

积极对待。无论顾客的情绪怎样，解决问题是关键。因此，销售人员或管理者，在认真倾听顾客的意见和需求后，要先寻求和顾客达成一致的解决办法，这样会更有利于问题的解决。如果问题出在商品的质量、价格和性能上，应该本着实事求是的态度进行处理，该退的退，该换的换。在这个过程中，不要对顾客表现出丝毫的不满，要让顾客相信你是真的在为他解决问题，而不是迫于无奈。如果顾客的投诉是因为店铺的服务问题，也就是销售人员的服务不到位、态度不佳，或者存在有不良销售的情况，比如，销售人员在过度推销的情况下，顾客依旧没有购买，销售人员就给顾客脸子看，或者不再搭理顾客；再比如，销售人员对顾客流露出轻蔑的神情和口气；还有，销售人员对顾客挑选商品表现得很不耐烦，甚至对顾客冷嘲热讽。由于这些不良表现，会极大程度地刺伤顾客的自尊，所以会引起顾客的强烈不满。另外，有些销售人员为了业绩，在商品质量、性能等方面对顾客采取欺骗手段，这也是引发顾客不满和愤怒的原因之一。对于顾客在这些方面产生的不满和抱怨，主管人员要向顾客真诚地致歉，或者让销售人员亲自向顾客道歉，以平复顾客的情绪。

适当拖延。有些顾客在不满情绪的支配下，会大声抱怨或理论，希望得到旁观者的支持，而且旁观的消费者越多，他吵嚷的声音越大，言语越激烈。遇到这种情况时，要尽量将顾客带离现场，去别的地方和顾客进行商谈。如果店铺规模不大只能就地解决的话，不管事情是谁的错，是不是由顾客的误会引起，都不要和顾客争论。在没有弄清楚情况，或者销售人员没有任何责任的情况下，可以先对顾客的心情表示理解，使他逐渐恢复到理智思考的状态，以免其做出过激反应，使问题的解决更加棘手。当然，不管怎样，也要向顾客致歉，只是致歉的方式要巧妙。要尽量做到既能让顾客的情绪稳定，又不能让顾客误认为店家承认是自己的错，从而承担本不需要承担的责任。

开店不是一件容易的事，会碰到各种各样的顾客，不知道是哪个环节的疏忽，就有可能引来顾客的不满，一个有经验的经营者在任何时候，不管顾客的不满因何而起，都不会和顾客据理力争，使事态变得一发不可收拾。开门迎的就是客，如果经常和顾客闹得不可开交，势必会影响店铺的经营状况。中国有句老话“和气生财”，只有和和气气、宽容大度地对待顾客，才能赢得好口碑，吸引更多的顾客前来。尤其在现代社会，人们买的不仅是物还有店家的服务，舒适的环境、店员热情暖心的服务态度，以及店家处处对顾客需求的关注，都能带给顾客良好的购物体验。即便出现了令顾客情绪不满的状况，也能以真诚的服务态度让顾客获得被尊重的感觉。只有这样，顾客才能认同你的服务。

当顾客情绪不满的情况解决后，店家要在日后的经营中吸取教训，避免同样的事情再出现。要知道，只有不断改进工作中存在的不足，才能使店铺的服务更上一层楼，使生意越做越顺畅。

9

恰如其分的待客之道

——舒服：让顾客舒服才是最好的服务

新手开店没有经验，不知道怎样的服务态度能令顾客满意，让其成为店里的常客。其实，这个问题不仅开店新手想弄明白，即便老手也不一定都能做得很好。原因在于，进入店里购物的顾客形形色色，性格各异、需求各异，甚至顾客当时的心情也是对服务信息反馈的一个因素，所以，想要在这方面做好，并不是一件容易的事。

很多顾客都有这样的体验：有的店家对进门的顾客十分热情，跟前跟后地问这问那，让人感觉很尴尬；有的店家则恰好相反，在顾客进门后，显得比较冷漠。在一些便利店内，这种情况经常能碰到。销售人员有时会向顾客打声招呼，有时候连招呼都不会向顾客打一声，在不大的一个空间内，可能只有几个顾客在货架间看来看去，店铺显得十分安静。服装店的情况就有些不一样，热情的非常热情，冷淡的非常冷淡。这两种服务态度，对顾客来说，都不算很好的购物体验。

网上有这样一个故事，一个服装店的导购，对刚进门的顾客十分热情，而且一直面带微笑，顾客走到哪儿她就跟到哪儿，不停地问顾客想要买什么衣服。顾客看裙子，她就不遗余力地推荐裙子；顾客看衬衫，她又向顾客推荐各种衬衫，并将衬衫拿下来让顾客试穿。结果，忙活了半天，顾客却不冷不热地说了句："不用，我先随便看看。"导购没辙，只好说了句："哦，那您先随便看看吧，有需要跟我说。"然后自行离开，之后对顾客的态度来了一个大反转——不理不睬。后来，顾客看了一会儿就离开了。

同样来自网上的一则案例。一个天气炎热的周末，一位顾客去他家附近的一个小超市，打算买点水果在家里好好休息一天。当他走进超市时，店员正在低头玩游戏，看见他进来也没吭声，只是瞄了一眼，又继续玩游戏。这个顾客在店里转了两圈，店员也没有再抬头看他一眼，更别说什么微笑询问顾客的需求或者热情招待了。

见西瓜挺好的，顾客就问了下："西瓜多少钱一斤？"

店员飞快地回道："八毛。"

顾客又问："可以便宜点吗？"

店员头也没抬地说："不能。"

"那你给我切一半吧。"顾客道。

"一半不卖。"店员冷冷地甩过来一句。

面对店员冰冷的态度，低头玩游戏的状态，顾客觉得没法在这里买东西，于是推门离开了，并下定决心再也不来这个店。的确，任何一个顾客碰到这种事都会心里不舒服，会愤而离开，或者下定决心再也不到这个店来消费。事实上，很多人都受到过这样的"礼遇"。显然，这是一种极其不尊重顾客的服务态度，这种态度必然会导致回头客低的经营状况。那么，作为一个店铺的销售人员应该以怎样的服务态度对待顾客呢？什么样的待客之道才会让顾客感觉舒服呢？对于大多数顾客来说，店员和自己保持适当的距离是最好的。也有人提出在服务方面"不过度给予、不讨好、恰到好处就行"的理念。

某知名火锅店在创业初期凭借着服务赢得了很多顾客的好评，获得了大众认可后，其对服务方面的要求提到了更为细致的层面。在对员工考核时把"替顾客挂衣服""为顾客加满杯中水”作为业绩评分。员工的确做到了，但有些顾客对这些服务反倒有些不适应，觉得这样的待遇令自己十分尴尬。任何事情过犹不及，人们往往认为留有一定的距离是人与人之间最好的相处模式。

热情待客未必是顾客最想要的。所以，在实体店经营中，店员对顾客的态度不要过度热情，这会给顾客带来一定的压力，甚至有时会让顾客怀疑其强烈的目的性。顾客在刚进店时，往往有着一定的戒备心理，所以很多时候我们会发现，刚进门的顾客并不愿意多说话。这在服装店和美容店内体现得比较明显。这些顾客往往先自己“随便地看”，很少说话，他们害怕自己的话被导购抓住把柄，然后纠缠自己。但是对于顾客的这种心理，很多导购并不清楚，所以往往是，一旦有顾客进店，他们就会表现得非常热情，“美女、帅哥、阿姨、大叔”地叫个不停，一会儿推荐这款衣服，一会儿又介绍那款产品，让顾客不胜其扰，这种不合时宜的热情态度，无疑会给很多顾客带来一定的心理压力，致使他们对导购产生反感和防备之心。

保持适当的距离。距离产生美，不管跟谁相处，最好保持适当的距离，给彼此一个空间，哪怕是最亲密的人也应该如此。但是，有些店铺由于服务性质的关系，可能需要对顾客表现得极为热情周到，比如在美容店，为了留住顾客，很多美容师会对顾客进行贴身服务。太过紧密的接触，会使人与人之间的距离被打破，当美容师对顾客进行贴身服务的时候，顾客会觉得很尴尬。所以，越是为了留住顾客所进行的这种过于亲密的贴身服务，越是容易使顾客和美容师产生隔阂，结果事与愿违。

心理学方面有一个“刺猬法则”，这一法则说的是一种非常有趣的现象，即在一个冬季，因为天气非常寒冷，为了相互取暖，两只困倦的刺猬抱在一起，以为这样就能舒服地睡一觉。然而两只刺猬身上的刺总会刺到对方，使它们不能好好入睡。于是，两只刺猬各自跑到一边去睡，可是天气实在寒冷，它们被冻得难以忍受，就又抱在一起，最后经过反复折腾，终于找到了使它们之间既能相互取暖又不至于相互被扎的距离。这就是心理学上所说的人与人之间，在交往过程中的“心理距离效应”。这个效应很清楚地诠释了人与人保持适当距离是最舒服的交往方式。心理学研究认为，通常情况下，1.2米～3.6米是陌生人应该保持的距离。诚然，顾客进入店内，大都是有需求的，需要店员给予自己一定的帮助和服务，但并不需要店员为自己做出选择，或者以一种热情服务的方式来绑架自己做出违心的购买决定。顾客需要独立思考，需要足够的自我空间，只有在这样的空间内才会有安全感，因此，一旦有人越过了这个距离，顾客心里就会产生不舒服的感觉。

顾客需要的是被尊重。在店铺经营中，还有一种现象，那就是有些店员往往会对顾客指手画脚，仿佛顾客自己就不该有任何主张一样。在顾客进店后，不管是只顾低头玩手机，还是过于热情地为顾客贴身服务，这些都体现了店内工作人员对顾客的不够尊重。前者是漠视，后者是冒犯。这两种服务态度，都会让顾客感觉不舒服。当一名顾客在店内的购物体验不良时，他会立即打消在这里购物的计划，这对商家来说自然是一种损失。而更严重的影响是，不良的购物体验会让他在下一次有消费需求时，不再选择那些曾经给他留下不良体验的商家和店铺。因此，店员对顾客的服务需要用心。

用心了解顾客的需求。很多销售人员在顾客面前表现得过于热情，无非是为了卖出商品，有一个好的销售业绩，所以，当顾客进门后便急于向顾客介绍商品，不留给顾客一定的选择时间，也没有仔细观察和揣摩顾客真正的需求。因此，无论店员在顾客面前多么卖力地介绍自己的商品，都难以打动顾客，甚至会适得其反，引起顾客的厌烦，使顾客想尽快逃离该店。而一个开店高手对顾客的态度，绝不会让顾客感到不舒服，因为他们深知，了解顾客的需求并尊重顾客的选择，才是对顾客的最大尊重，也是能让顾客获得良好的购物体验，使自己的店铺赢得好口碑的最重要的因素。

做任何事情都要用心，特别是与人打交道，更要懂得站在他人的立场上想问题。一个店铺的销售人员，有必要学习一些待客之道，只有学会适合顾客的服务方式和态度，才能在服务态度上做到恰如其分，从而提高销售业绩。

10

顾客至上

——公平：对待顾客要一视同仁

相信很多人都看到过这样一种现象，那就是很多销售人员，对待不同的顾客会有不同的态度。这种现象主要表现为以下几种情况。

“以貌取人”。所谓的“以貌取人”，就是销售人员根据衣着打扮对顾客采取的不同态度。对衣着打扮讲究的人销售人员会殷勤相待，对衣着朴素的人则不理不睬，甚至表现出一副蔑视的样子。毋庸置疑，这种做法就是没有做到对顾客一视同仁，也就是说对有些顾客没有做到最起码的尊重。这种影响是非常坏的。且不说这种做法会伤害到顾客，令顾客愤然离去，甚至从此不再光顾这个店；就说他们对顾客经济实力的判断，也未必准确。大家都知道，生活中很多经济条件好的人还是比较低调的，如果单从顾客的衣着打扮或者购买物品的价格上对其经济实力进行判断，肯定是不恰当的。因此，根据这种判断采取的态度，显然也会失去一些经济能力不弱的顾客。

诚然，在商业经营活动中，销售人员常常凭借自己的观察，洞悉顾客的需求，这是很正常的事情。但是，在做出判断后，随之对顾客表现的轻视态度，才是让顾客最不满的地方，也是影响销售业绩的重要因素。一个有经验的开店高手，往往会因为社会阅历丰富，不会对顾客表现出“以貌取人”的态度。

为什么有些人会“以貌取人”呢？心理学家认为，这是人的一种心理本能，并称此现象为“首因效应”，即指人们对第一次接触的人或事留下的深刻印象。这种“第一印象”往往导致个体在社会认知过程中，将这一信息最先输入其对客体的认知中，从而影响到之后对客体的认识。这种影响越大，对客体的整体认知的作用也就越强。研究发现，在对客体的认知过程中，人们虽然会结合不同的信息来分析，但是还是会对最先得到的信息更加重视，即便前后信息不一致，往往也会以前面的信息来定性对其整体的印象。无疑，这种认知的结果有可能会与客体的真实性出现很大偏差。因此，一个具有丰富的社会经验的人，会将首因效应的作用控制在最低限度。然而，大多数从事服务行业的人员，年纪偏轻、社会阅历不够丰富，所以他们更容易在和顾客打交道的时候，明显地表现出一种“以貌取人”的态度。

“以物待人”。有些销售人员对购买货物较少或者购买价格低的货物的顾客爱搭不理，甚至表现出不屑一顾的态度。知乎上有这样一个帖子，一个女孩说某个周末她去一家超市买化妆品，因为刚学习化妆对化妆品不太懂，所以就在这个超市逛了一个多小时，然后挑了指甲油、发夹、眉笔等价格比较便宜的小物品放在购物篮中。女孩还想买一支口红，但是当她想就某些问题咨询一下店员的时候，店员看了一眼她的购物篮后，显出一副爱搭不理的样子，然后拿过来一支口红递向她说：“给，这个是最便宜的了。”店员的态度令女孩十分生气，于是女孩将挑选的东西从篮子里拿出来，把它们重新放到货架上，就离开了这个超市，从此再也没踏进去过一步。

琳达是美国一家房地产经纪人，她的业绩年年在公司里名列前茅。琳达在销售上取得的不俗成绩跟她对待顾客的态度息息相关。一次，店里来了一对衣着朴素的夫妇，琳达热情地接待了他们，但是她的同事康尼却皱起了眉头，认为琳达是在浪费时间。在他看来，这对衣着朴素的夫妇经济能力有限。可是琳达不这样想，她认为每个顾客都应该得到尊重，要对他们一视同仁。之后，琳达就带着这对夫妇去看房。他们看的这所房子宽敞明亮、设施齐全，甚至算得上豪华。夫妇二人对房子的每个角落都仔仔细细地看了一遍，不论是客厅、卧室还是餐厅，以及车库都十分满意，于是夫妇二人就买下了这所房子。付款时，那位先生从包里拿出厚厚的一沓钱，小心翼翼地数着，一旁的女士跟琳达说，这是他们积攒了很久的钱，为了拥有一所自己的房子，他们努力工作，省吃俭用，不过令人欣慰的是愿望终于实现了。

当康尼知道那对夫妇买了那套并不便宜的房子时显得有些吃惊，他没想到结果会这样。而琳达之所以每年都能取得不俗的销售业绩，正是因为她对每一位来访的客人都很重视。在她看来，想要成为一名优秀的销售人员，必须摒弃对顾客“以貌取人”的先入为主的判断习惯。只有这样，才能发掘更多的潜在客户，提高销售业绩。

同样，在任何店铺经营中，销售人员都应该以正确的态度服务顾客，做到对进店的每一位顾客一视同仁。

那么作为销售人员，该怎样做才能确保对顾客一视同仁呢？

进门都是客。销售人员一定要树立一种观念，那就是进门就是客。不管你的店铺经营什么，设定的顾客档次有多高，只要顾客进门就应该礼貌相待、热情相待，哪怕来者在你看来达不到店里消费的标准，也不要流露出嫌弃和蔑视的神态。一方面，要养成尊重顾客的好习惯；一方面，你可能真的会看走眼——你认为不可能消费得起的顾客，恰恰是一个低调的潜在消费者。同样不管顾客买多买少，也要一视同仁，有的顾客这次消费得比较少，也许下次会有更多需求，来个超预想消费呢。对于只是进店逛一逛的顾客，也要以礼相待，在他离开时也要微笑告别，给顾客留下良好的印象，使他成为潜在顾客。每个人都希望被重视、被关注、被尊重，因为这会让他获得良好的心理体验。开店高手之所以能吸引更多顾客来到店内，正是源于他们深知顾客的这一心理需求，所以对每个进店的顾客都热情接待。想要提升业绩，使店铺的生意长久经营下去，一定要树立“进门都是客”的观念，只有这样，才能增强店铺吸引新客、留住老顾客的能力。

不卑不亢。“嫌贫爱富”是很多人的通病，一些比较势利的销售人员更是如此。所以，他们才会对衣着朴素的顾客爱搭不理，对那些看上去有钱有势的人殷勤备至，造成了对顾客“以貌取人”的现象。在销售过程中，会碰到这样一类顾客，可能他们的确有着一定的社会地位，或者较强的经济实力，所以优越感非常强，完全不把销售人员当回事。对这类顾客，不要显得过于殷勤，给予他应该有的尊重就可以，就像对待其他顾客一样。如果过于殷勤，他们更不会把你放在眼里。只要在对商品介绍和服务态度上，没有疏忽之处，不怠慢，让他们挑不出毛病就可以了。当然，为了使他们成为回头客，可以适当地给予他们一些夸赞，因为不管哪类人都喜欢听赞美的话。和这类顾客打交道时，要让自己显得更专业，使店面的档次提升起来，这样他才会认为在这里消费符合自己的身份。

开店做生意主要是为了赚钱，没有顾客就没钱可赚。一个店铺生意的好坏，除了所售商品及其性能优劣起着一定作用外，销售人员的服务态度也是决定能否吸引更多顾客的原因之一。当今社会各行各业的竞争都很激烈，在商品上的差距不大时，销售人员对待顾客的态度则往往成为竞争的关键因素。一个店铺中，店员的专业性越强、服务态度越端正，顾客的购物体验就会越好。相应地，店铺的声誉越来越好，随之而来的就是生意的红火。可以说，能把店铺生意做得风生水起的商家，都清楚顾客对于他们意味着什么。因此，每一个进门的顾客，他们都会平等对待，给予应该有的尊重，并以恰当的方式与其打交道，让每一位顾客都能获得良好的购物体验。而这，就是他们取得成功的原因。

11

亲和力是赢得顾客信任的有效途径

——舒服：其实顾客在意的东西你很容易做到

同样开店做生意，有的店生意红火，有的店生意萧条。虽然影响生意好坏的原因很多，但是一个用心的经营者，必然会重视顾客的感受，这样在竞争者中更容易胜出。大家都有体会，有的销售人员的服务让人如沐春风，有的则不然，要么非常势利，要么看上去笑容虚假，要么就像一个没有情感的“冰美人”……他们带给顾客的购物体验各有不同，而最让顾客喜欢的应当是有亲和力的销售人员。道理很简单，在生活中，人们也喜欢和具有亲和力的人打交道，之所以如此，是因为这类人容易让人产生好感，和他们待在一起非常舒服，觉得他们可以信赖。

在购物时，销售人员的亲和力，会很快打消顾客的戒备之心，对其推荐的商品产生认同感，从而激发购买欲望。这是销售活动中最理想的效果，毕竟交易越多，赚的钱也越多。所以说，一个好的销售人员，一定是具有亲和力的。

什么是亲和力呢？简单来说，就是指一个人在他人心中的亲近感。它始于人与人之间的认同和尊重，并发展成彼此在心灵上的投契。具有亲和力的人，往往对自己充满自信，心理学认为，对自己充满自信的人，对他人也会充满爱意。他们谦逊诚挚，值得人信赖，其人格魅力也能从言行举止中体现出来。

在商品交易中，一个有亲和力的销售人员，因为他们自身散发的人格魅力，会使顾客的心态变得平和，使彼此的交流更为融洽。但凡成功的销售人员，都是具有非凡的亲和力的人，他们能在短时间内赢得顾客的信赖。无疑，在店铺经营中，营业员的亲和力会让店铺吸引顾客的能力更强，交易也会越来越多。

其实服务行业的从业人员，都被要求要有亲和力，很多从业人员也希望自己能具有亲和力，留住顾客，提高业绩。但是，他们却不知道怎样做。

凯瑟琳是美国一家自营小超市的营业员，这家超市共有四名营业员，其中最受顾客喜欢和信赖的就是凯瑟琳。由于凯瑟琳出色的工作能力，年年被店里评为最佳营业员，并获得老板颁发的一笔不小的奖金。店里的其他几位营业员也想获得奖金，但并不知道如何做才能赢得顾客的喜欢和信赖。其实，凯瑟琳能得到顾客的认可，主要原因就是她在对待顾客的方式上与其他几名营业员有所不同。她不仅对每个来到店里的顾客微笑以待，更主要的是，她在帮助顾客称重物品的时候运用了一个小技巧，那就是，每当称重物品时，她不会一下子放很多在秤盘中，然后一点点往下减，而是先少放一定量的物品，再一点点往上加，并一边和顾客互动聊天，直到分量给足为止。在这个过程中，顾客不知不觉中就把她当作了可信赖的朋友。

顾客在购买商品时，很怕商家缺斤少两，并希望可以占到一点便宜，所以营业员从秤盘中往外拿商品时，顾客心里会不舒服。而凯瑟琳洞悉了顾客的这一微妙心理，才在称重时运用了这样一个小小的技巧，使顾客对她产生了信赖之感，再加上她和顾客的互动聊天，使顾客觉得她是一个非常具有亲和力的营业员。

对于一家店铺来说，亲和力无疑对招揽顾客有很大的积极影响，而销售人员为了提升业绩，也希望自己能拥有这一能力。事实上，亲和力是完全可以培养出来的。

那么到底怎样做才能使自己变成一个有亲和力的销售人员呢？

保持亲善的态度。这种态度要真诚，而不是为了销售才伪装出来的亲善，是要有一种与人为善的心态，真正为顾客着想，并以主动、热情的态度与顾客进行交流，唤起顾客的热情，使交流气氛变得融洽和轻松。心理学研究认为，人的情绪是具有感染力的，不论喜怒哀乐哪种情绪，都有可能在极短的时间内发生感染效应。研究显示，人们在交谈时，对另一方的表情动作及话语节奏，会下意识地加以效仿。打个比方，两个人在一起时，其中一个人的笑容，会向另一个人的大脑传递信息，使他也产生快乐的情绪。所以，在销售人员向顾客发出友善快乐的表情时，顾客也会受到感染，心情变得愉快起来。

真诚的赞扬。每个人都喜欢被赞扬，只要是发自内心且适度的赞扬，都会让人产生愉悦的感受。赞美是对他人的认同和尊重，任何一个人都有其优点和长处，发现他人的优点和长处，并给予赞美也是一种有教养的表现。在销售活动中，销售人员想要迅速拉近和顾客的距离，就要学会赞美顾客。赞美不是随心所欲地瞎说，要注意技巧，要实事求是，只有准确而善意的赞美，才能让顾客接受，使顾客的心情变得愉悦。

迎合顾客的气质去交流。一个优秀的销售人员，会在顾客进门后，通过其衣着打扮、行为举止，在短暂时间内判断出顾客是哪一种类型的人，然后用符合其气质的交流方式与顾客打交道，让顾客产生熟悉感、亲近感。俗话说“物以类聚”，在人们的交往中，两个人的相似之处越多，越容易被彼此接纳，沟通时也更加容易。因此，一般来说，当顾客感受到销售人员与自己有很多相似之处时，就会自然而然地愿意与其进行交流，这样彼此的距离就会快速地拉近。

把握交流时语言的声调。语言的声调具有表现情感的作用。通过不同的声调，可以判断出一个人的情绪状态和变化。在与人交流时，不要只听他说什么，还要听他说话的声调。在一次欢迎外宾的宴会上，意大利著名的悲剧演员罗西受邀参加，席上，他应大家的邀请用意大利语念了一段台词，尽管在场的很多人听不懂意大利语，但由于他在念这段台词时声调悲怆，使很多人流下了眼泪。而桌上有一位意大利人却跑出宴会大厅，在外面笑得前仰后合，因为罗西念的是宴会上的菜单，不是人们以为的剧本里的台词。这个故事充分显示了，语言表达中声调所起的作用。

事实上，人们在交流的时候，对彼此话语中的声调所反映出的情绪还是非常敏感的，并且能以此判断出说话人真正想表达的意思。作为销售人员，想要让顾客感受到亲和力，在和顾客交流的过程中，就要学会用温和欢快的声调与顾客交流，从而使其感受到你的友善和亲切，而这也能促进你的销售业绩。

亲和力的作用表现在，它可以使一个人的话语具备说服力和影响力。也就是说，一个人的亲和力越强，他人也就越容易听信他的话，采纳他的建议。

销售就是把商品卖给顾客，顾客在决定购买商品的过程中，销售人员的亲和力起着一定的推动作用。一个优秀的销售人员，一个开店高手，都会努力培养自己的亲和能力，使顾客在和他交流时很快产生一见如故的感觉，或者莫名的信任感。在销售过程中，顾客之所以对销售人员的商品介绍和推荐有抵触感，大多是出于对他的不信任，怕上当，怕被忽悠，即便有时候销售人员的建议是合理的，也很难打动顾客。因此，取得顾客的信任是销售成功的条件之一。而想要迅速拉近与顾客的距离，取得顾客的信任，显然需要具备令顾客感受良好的亲和力。所以，销售人员只有掌握了这一能力，才能招揽更多的顾客。而不论是对顾客的亲善心态的养成，还是学会迎合顾客的气质与之交流，以及运用话语的声调打造良好的交流氛围，都需要销售人员用心学习，把握尺度，不断在工作中积累经验，从而使自己变得更加具有亲和力，在销售中赢得顾客的喜爱和信任。因为亲和力是在销售过程中赢得顾客信任的最有效途径。

12

诚信待客才能生意兴隆

——诚信：失去诚信是卖家大忌

人们常说“事无信不成，商无信不兴”，可见诚信在商业经营中的重要性。现在是经济社会，很多人开店创业，每个开店创业的人都希望自己的店铺生意兴隆。然而很多店主为了盈利不择手段，坑蒙顾客，虽然获得一时之利，但是从长远发展来说必然不可行。当顾客在某个店铺受到了欺骗，一定不会再到这个店铺买东西，而且会到处宣扬自己在该店铺上当受骗的经历，使店铺的信誉遭到质疑。事实上，很多店铺的销售人员，为了提高销售业绩，会把“诚信”二字丢在一边。一个开店高手则懂得，只有诚信经营才能使生意长久维持下去的道理。

说起诚信经商，相信很多人都听过胡雪岩这个名字。清兵罗尚德曾经在胡雪岩的钱庄存了1.2万两银子，在存这笔钱时，罗尚德既不要利息，也不要存折。原因是一方面他听说胡雪岩是一个非常讲诚信的商人，另一方面他接到抗击太平军的出征命令，而当时他身边又没有可以托付这笔钱的人，所以就把钱存到了胡雪岩的钱庄。胡雪岩知道这个情况后，决定按照规矩以3年定期存款的利息算，三年之后连本带息一并支付给罗尚德1.5万两银子。不仅如此，还为这笔钱办了存折，交给钱庄的负责人管理。

原来，罗尚德曾是一个赌徒，和一个女孩订婚后，因为赌钱从女孩父亲手里借了很多钱，后来女孩的父亲坚决要退婚，甚至说只要他退婚，可以不用归还这笔钱。女孩父亲的态度，大大刺伤了罗尚德的自尊，他发誓一定要把这笔钱还清，为此他投身军营，省吃俭用，历经十多年攒了1.2万两银子，因为要去打仗，只好把钱存到钱庄。

后来，罗尚德死在了战场上，临死前他委托自己的两位老乡，把他存的那笔钱取出来还给女孩的父亲。他的两位老乡来到钱庄，由于没有任何凭据，心里非常忐忑，不知道这笔钱能否取得出来。结果，钱庄不但给了本钱，还付了利息。自此之后，来钱庄存款的人不断增多，原因是，罗尚德的两个老乡回到军营后跟大家讲了这件事，使钱庄的声誉一下子高涨起来。于是，那些士兵凭着对钱庄的信任，把辛苦赚来的钱都存到了胡雪岩的钱庄。

胡雪岩从商多年，一直秉持诚信服务的理念，在他看来，诚信服务才是打动顾客最有效的手段。1874年，胡雪岩创立了胡庆余堂这家药店，在短短几年内，该药店就发展到了相当大的规模，这主要是因为药店经营一直以“戒欺”为服务理念。在药店刚刚创立的时候，胡雪岩就提出了“是乃仁术”“真不二价”之说。也就是说，在商业竞争中，胡雪岩走的是“货真价实”的经营之道。纵观胡雪岩经商成功的一个重要因素，正是来源于“诚信”二字。

心理学研究指出，诚信是得到社会认可的行为规则，这一行为中体现了尊重事实、行为前后一致、没有自相矛盾的特性，并认为诚信是生活的方式而不是意识形态。同时，心理学研究者认为，诚信之于一个人来说，是他自主做出的理性选择，也就是在对利益计算后，经过衡量所做出的行为。把这一行为放在商业经营中来看，可以认为这是经营者在对多方利益进行严谨计算后，得出诚信是成本最小、最有效的结论后，做出的选择。一个商人以诚信经营为理念，不欺诈顾客，往往更能获得长远发展。尽管当今社会商业竞争十分激烈，但是一个有经验的开店高手，依然坚持诚信服务的态度，因为他深知，诚信经营才能赢得顾客的信任，吸引更多的顾客前来，使自己的商业活动得以长久经营和发展。反观在商业经营中，只顾自己的一时利益，不诚信待客的商家，顾客自然会对他失去信任，没有顾客还谈什么生意兴隆呢？

对开店的人来说，无论经营什么都应该记得，经营好顾客才是必胜之道。在生活中，很多销售人员为了卖出商品，经常使用各种手段，诱使顾客购买其商品，甚至许下承诺而不兑现。比如，承诺顾客购买手机后赠送耳机，但顾客买了手机后发现并没有耳机。就算顾客对此没有纠缠，没有向商家索要赠品，但是顾客会对他人说这个商家不守信用，致使其丢掉很多潜在顾客。再比如，很多网上开店的商家，放到网上的商品图片以及描述和顾客实际买到手的商品，不论在颜色上还是质量上，都有一定的差距。虽然顾客可以选择7天无理由退货，但是对于顾客来说，买到手的商品还要再退回去，既麻烦又要搭上快递费，更别说期待已久的商品拿到手后令自己失望的心情。还有一些商家，在顾客要求退货时，采取不理不睬的态度，甚至不投诉都难以退回货物，这样的商家显然是没有诚信可言的，他的行为所带来的后果便是，想再让顾客光顾他的店铺几乎是毫无可能了。这样的店又能维持多久呢？

看待事物要用长远眼光，许多事想要做好，必须谋求长远发展，开店亦是如此。既然我们想开店赚钱，也应该清楚诚信在商业活动中的重要作用，并将此作为服务理念，实实在在地让顾客感受到一份踏实，而不是夸大商品的优点，不是以劣充好。要真正地发现顾客的需求，并巧妙地运用语言的艺术，在顾客最看重的某个点上抛出令他心动的一面，以此来打动他，激发他的购买欲。

那么，具体来说，诚信服务需要商家怎么做呢？

实事求是。在顾客选择商品时，销售人员要实事求是地告诉顾客关于商品的信息，不要因为担心顾客不买而故意隐瞒其比较在意的商品存在的不足方面。要设身处地地为顾客着想，这件商品买回家去顾客是否真的会满意，会觉得物有所值。实事求是看上去会失去一些交易的机会，但这种服务态度却可以赢得顾客的信任，提高顾客的回访率，形成良好的经营运转状况。正如卡耐基所说：“当我们为大众谋利益的时候，我们的财源就会滚滚而来。”

通过观察发现顾客在乎的点在哪里。每个顾客在购买商品时，都会在其言行举止间显现出他所在意的利益点。比如，有的顾客更在乎商品的价格，有的顾客则在乎商品的质量，有的顾客却在乎商品体现的时尚价值，等等。销售人员可以通过对顾客的观察发现这些，并在他们所在意的利益点上，进行有效沟通，使顾客在鱼与熊掌中，最终选择出自己更在意的东西，从而完成交易，让他觉得这次所购买的物品达到了自己最初的预想。

找到对方的兴趣点。很多顾客在购买商品时，可能没有一个更加清晰的想法，这时，销售人员不能为了赚钱，一味地给顾客介绍价格高但对他来说意义并不大的商品。而应该在和顾客的交流中，找寻顾客的兴趣点，帮助顾客捋顺思路，并最终发现适合顾客的商品，然后达成交易。这样做的好处是，能够让顾客感受到销售人员的确是站在顾客的角度推销商品，而不是只为了让顾客掏腰包买东西。所以，在这种情况下，顾客会对销售人员产生一定好感，认为销售人员的服务是值得信任的。

“人无信不立，业无信不兴。”也就是说，一个人不讲信用就难以在社会上立足，一个商家不诚实守信其业务就难以为继。不论在什么样的社会状况下，诚信都是做人做事的根本，所以，但凡生意兴隆的店铺无不奉行诚信经营的服务理念，因为他们懂得，只有赢得顾客的信任才能留住顾客、吸引顾客，顾客才是长流不息的财富源泉。相对欺诈顾客、坑骗顾客所带来的恶劣影响，诚信经营付出的成本是最小，也是最有效的。所以，开店高手的成功往往靠的正是不断地累积顾客，用他们的诚信服务态度，使店铺在诸多竞争中脱颖而出。

Chapter 3

如何应对不同类型的顾客

在销售活动中，销售人员需要跟形形色色的顾客打交道，在和这些顾客打交道时，由于每个人的个性不同，所以在对待顾客的服务方式和沟通方式上，也要有所不同。不然可能会对急躁型的顾客，采用了对犹豫型顾客一样的沟通方式，或者对挑剔型顾客采用了对待理智型顾客的沟通方式，结果，不但无法达成最终交易的目的，还可能引发顾客的不满情绪。开店高手或者有经验的销售人员，由于经常和顾客打交道，他们总结了很多经验，懂得如何去辨别顾客的类型，并根据其个性特征，巧妙且有针对性地与顾客进行沟通，不仅使顾客享受到良好的购物体验，而且能促进交易的达成。顾客是消费者，是店铺经营能否坚持下去的根本，如果店铺只注重货物质量，店铺环境，但不注重与顾客的交流，不尊重顾客的个性特点，也会在很大程度上影响店铺的客流量，使店铺的销售蒙受一定的损失。因此，开店高手在这方面有着自己的良苦用心和技巧。

13

想赢得顾客，先要知道他喜欢什么

——观察：只有了解顾客才能让顾客喜欢

毋庸置疑，我们开店的目的是通过商业活动获得盈利，即通过把商品销售给顾客来赚钱。一件商品的卖出，当然原因不止一个，其包括顾客的需求、商品的优劣和销售人员的推销技巧等。一个优秀的销售人员，可以通过与顾客的接触售卖出更多的商品，他们的成功源于对顾客的正确认识和了解，以及之后采取的沟通态度和话语技巧。

每一个顾客都有自己的独特个性，所以，当顾客进门后，开店高手会根据自己的经验很快判断出顾客属于哪种类型，比如顾客是见多识广型还是一知半解型，或是随和型、固执型，等等。对顾客属于哪种类型有了正确的判断后，就可以有针对性地与顾客进行交流，并争取在最短的时间内，带给顾客舒适的感受，从而提升顾客购买商品的欲望。

在一条街道上有四五家菜店，规模虽然都不大，但是王小英的菜店货最全，各种蔬菜应有尽有，不仅如此，她的店里还有豆腐、馒头、面条等。但是最初的一段时间内，她的菜店生意并不太好，幸亏附近的居民量比较大，她店里的货物又比较丰富，每天上门买菜的顾客也足够支撑她维持运转的。但是，别的菜店每天上门的顾客比她的菜店多很多。对此，她很纳闷。而周围的居民却私下里说，虽然这家菜店的菜比较全，但是店主不会来事，不讨人喜欢，很多人表示，如果不是别家菜店缺某种菜，都不会去她家买菜的。事实上的确如此，王小英因为没有经验，不懂得除了卖菜之外，还要积攒人缘，要和上门的顾客有一个良好的交流，毕竟绝大多数顾客是附近的居民。一个不讨人喜欢的店主，肯定不会吸引太多的顾客。一段时间后，一位性格比较直爽的顾客给她提了意见，告诉她除了卖菜还应该懂得和顾客拉近距离。后来，王小英慢慢改变了对待顾客的方式，遇到不同类型的顾客就采取不同的说话方式，渐渐地，她的菜店上门的顾客越来越多。

开店，你只有在每个环节都用心才能做得更好，毕竟现在各行各业的竞争都不小，如果你不用心去做，就很有可能被淘汰。

那么，店主或者销售人员如何让顾客喜欢你、信任你，从而提升顾客的购买欲望呢？当然是先识别顾客属于哪个类型，然后再进行推销。就如下面这个例子。

一个男子去自家楼下的水果摊买苹果，他从这个摊走到那个摊，连问了三四个摊主："您的苹果是甜的还是酸的？"几家摊主都夸赞自家的苹果很甜，但男子都没买，当他走到下一个小摊前，摊主听了男子问苹果甜不甜后，回问道："你是想买甜的吗？"男子说："我想买酸的。"摊主说："我这酸的甜的都有，你怎么喜欢吃酸的呢？一般人可都是喜欢吃甜苹果的。"男子说："我媳妇怀孕了，就想吃酸的。"摊主笑呵呵地指着一个纸箱说："那就给您称几个这里面的苹果吧，这个苹果口味比较酸。"然后，又接着说："我这里的猕猴桃也很酸，您给媳妇再来几个猕猴桃吧，她肯定能吃得过瘾。"于是，男子在这个水果摊上又买了一些猕猴桃。在这个事例中，卖出苹果和猕猴桃的摊主就很聪明，他在了解了顾客的真正需求后，成功地卖出了自己的商品。而前面的几个摊主只顾自说自话，没有对顾客去做进一步了解，所以这单生意与之擦肩而过。可见，在商品卖出之前，了解顾客类型对推销商品是很重要的。当你了解了顾客的类型后，你才能从其性格、需求等方面，有针对性地向他推荐你的商品。

那么，顾客都有哪些类型、该怎样去判断呢？

从性格来说，顾客大体有急躁型、随和型、内向型、谨慎型、犹豫型等。除此之外，还有这些类型，如带小孩的爸爸妈妈、孕妇及家属，还有未成年人，等等。带小孩的爸爸妈妈、孕妇和未成年人，这类顾客不需要辨别，只需店主或销售人员根据这种顾客类型与他们进行交流，赢得他们的好感即可。比如，可以对带小孩的顾客夸赞他们的孩子，对孕妇给以特别的话语关注，如“您小心、慢点”“这个货物放得有点高，我帮您拿”，等等。这些赞美、关心的话语会让孩子的父母或孕妇心里充满温暖，从而让顾客对店主或销售人员产生良好的印象，并进一步沟通。这时候，我们就可以在和顾客的交流中了解到他们的需求，进行有效推销，达到交易成功的目的。

一个有经验的开店高手，对顾客的识别和判断都是很在行的，他们可以从顾客的行为举止和话语中，很快判断出顾客的类型，然后以得体的说话方式，赢得顾客好感。每个人走进一家店铺后，都不愿意碰到像木头一样或者神情傲慢的店主和销售人员，毕竟大家进店是来消费的，而不是来看脸色的。你的傲慢、轻视、冷漠以及麻木，会让顾客极度不舒服，从而降低消费欲望，甚至之后能不选择来这里就不会再来这里。很多店铺都是依靠回头客来维持的，一个店铺的回头客越多，他的生意也会越好。有人说过，店铺的维持靠的不只是他售卖的商品，还取决于他的人品和性情。这话一点不假。聪明的店主不会将对顾客的态度不当回事，不会对所有的顾客都用同一套话语去交流，他们懂得对什么样的顾客要说什么样的话。他们不会对着衣装打扮一身贵气的人，介绍那些廉价的服饰，也不会以急躁的情绪应付那些性格暴躁的顾客。因为用错误的方式对待顾客，就是失去售卖商品的机会。

“让顾客满意”，就是美国某公司的一条重要的工作原则。为了赢得顾客的好感，他们推出了“三米微笑”原则，也就是要求员工在顾客走到距离其三米的范围内，以温和的目光看向顾客并打招呼，询问对方是否需要帮助。为此，他们在招聘员工时，会聘用愿意露出八颗牙齿微笑的应聘者。无疑，在这样的购物环境中，顾客会感受到如沐春风般的温暖，这样的购物体验会大大吸引顾客前来。作为一个新手，在开店之初就应该从他人的经营中，学习值得借鉴的东西，并拿来为我所用。就像如何赢得顾客的喜欢和信赖这样的问题，都是需要学习和借鉴的。每一个开店高手都是从不断地学习和不断地总结经验的过程中，摸索到经营诀窍的。一个具有“高品质服务”的店铺，必然是一个懂得识别顾客类型，并通过对其类型的了解有的放矢地进行有效沟通，从而达到销售业绩不断提升的目标的店铺。

14

怎样和急躁型顾客打交道

——真诚：用竭诚服务的心态打动顾客

在店铺销售中，经常会碰到脾气火暴的顾客，这种顾客，属于急躁型的顾客。他们并不是品行有问题，只是自我控制能力比较差，容易情绪激动。在购买商品的过程中，他们往往会因为和销售人员沟通时，出现一言不顺就火冒三丈的局面，致使一个简单的销售过程演变成剑拔弩张之势。对于这类顾客很多销售人员觉得头疼，害怕与这种顾客“狭路相逢”，毕竟销售人员是服务性工作，莫名其妙地受了委屈，也不能和顾客针锋相对、大吵大闹。

王璐在一个小区内开了家小超市，生意虽然谈不上多好，但是也可以维持家里的开支。王璐性格比较安静，平时话不多，顾客多是小区住户。超市刚开张那会儿，店里来了一个女性顾客，在生活用品区域溜达了几圈。一开始王璐还对顾客比较关注，看看她想买什么，后来见她只是逛来逛去的，王璐以为她只是来店里随便看看，就把注意力放在别的顾客身上了。没想到，过了一会儿，那位女顾客突然对王璐吼了一声。王璐赶紧走过来，询问她怎么回事。结果她大嚷着："你怎么回事？我想问问你家这种拖布还有没有好一些的，这种拖布只有这一把，还有点问题。我想再选一把，问了你好几句，你也不搭理，你是看人下菜碟吗？"王璐听她这么说才知道发生了什么，便辩解道："一个顾客在问我家红酒的事，您说话我没听见。再说了，您在这儿逛了半天也没吭声啊，我还以为您就是逛一逛呢。"女顾客听了王璐的话更是气不打一处来："逛一逛？我是闲着没事吗？到你这儿来逛。不买东西谁上这儿来啊？"这时，王璐的爱人从外面回来，看到这情景连忙问是怎么回事，王璐和女顾客把事情还原了一遍。王璐的爱人听完后，赶紧跟那位女士道歉，并笑着安抚说："不好意思，刚才只有我媳妇一个人在，我们刚开店，没有太多经验，多进来几个顾客，我媳妇就照顾不过来了，请您见谅，消消气。您要的拖布我家库里还有，我多拿几把过来，您好好选一下。如果不满意就算买回去用过了，也可以退回来。”女顾客本来已经不想买了，可听了王璐爱人的话后，又迟疑了一下。这时，王璐的爱人又笑着说道：“阿姨，您就住在这小区吧，以后还请您多关照。”女顾客听了这句话后，才说：“刚才我是有点急，问题是我问了你媳妇好几遍，她都没搭理我，还说我是来闲逛的，谁上这儿来闲逛啊。”最后，女顾客在王璐爱人的一再安抚下，买了一把拖布离开了。

在这个案例中，虽然王璐遇到了脾气急躁的顾客，但是王璐的应对也是有些问题的，所以才再次惹恼了顾客。

那么，在销售中如何避免出现这种情况呢?

识别顾客类型。作为销售人员要学会辨别顾客类型，然后根据判断，对顾客做出正确应对的方式。比如，当一个顾客走路迅疾，问话干脆利落，或者嗓门比较大时，这样的顾客大都脾气比较急躁，当这样的顾客进门后，销售人员要及时做出判断，以采取相应的方式去应对他。一些脾气急躁的顾客，总是连珠炮似的向销售人员问这问那。他们在向销售人员咨询问题时，也是希望能快速得到解答，并立刻做出决定是否购买某商品，而且希望自己的每一个问题都能得以解决。一旦销售人员解决问题的效率不高，或者表现出来的态度不够好时，就很可能使这类顾客的情绪突变，火冒三丈，大发脾气，使气氛变得极为尴尬，甚至还会丢下要买的物品拂袖而去。所以，当一个顾客进门后，要及时判断出他的类型，以做出合适的应对方式。只有这样才能稳住顾客的情绪，使他的坏脾气没有爆发的导火索。应对这类顾客最好的方法就是，跟他沟通时直奔主题，不磨叽，不迟疑，速战速决。因为这类顾客要的就是结果，快速购买，或者迅速离开。所以当他向你提出各类问题时，你一定要听清楚他的问题和诉求，不必给他太多理由，干脆利落地先谈结论，然后把他的注意力引到你所谈论的话题上，这时候你再巧妙地说出你认为的关键点，也就是成功引导顾客消费的问题所在。当然，与这类顾客的所有沟通，要尽量做到言简意赅，简明扼要，以激发其购买的欲望。当然，一个开店高手，在遇到急躁型顾客时，有时也会采取冷处理的方法，也就是什么都不问，让顾客自行选择，待顾客有问题时，再走过去帮助他解决问题。

要稳住顾客的情绪。要做到这一点，除了你能迅速解答他的问题外，还要注意自己的态度。良好的态度是顺利沟通的基础，你的微笑、你和风细雨的交谈、你的真诚，都能打动消费者。俗话说“伸手不打笑脸人”，一个微笑会避免很多不必要的麻烦。在和顾客沟通时，要传递给顾客的信息是，在你眼里顾客就是一位谦和礼貌之人，你通过这样的话语技巧，让顾客不好意思随随便便地发脾气，使他时刻表现出谦谦君子的风度。

张军就是一个急躁型的人，但是他每次去自家楼下的超市买东西时都表现得非常好，他说主要是这家店里的服务态度好，而且店主特别会说话，张军每次去其店里，店主都会看似不经意地夸赞张军两句，说得他心里很舒服。尽管张军是小区出了名的“刺头儿”，但由于店主善于与各种人打交道，张军从没有在这个店里消费时发生过不愉快的事儿。

满足消费者的诉求。急躁型顾客的一个特点就是容易激动，一旦有令他不满意的事他就会失去耐性，甚至大发脾气。所以和这类顾客打交道时，有经验的开店高手会尽量满足其要求，不会事事与他们计较，在不失去大原则的情况下，能忍则忍。对于这类顾客所提出的要求，只要是比较合理的就尽量答应，而不是搪塞他，以免引起他的过激情绪爆发，愤然离去，或者大吵大闹。

当然，在店铺销售中，难免会碰上顾客发脾气的情况，那么当顾客发脾气时，又该如何应对呢？

态度平和，微笑待之。不管顾客的情绪如何激烈，脾气发得多大，一个开店高手都不会慌张，他们往往会先微笑地对待顾客，耐心地倾听顾客发脾气的理由和诉求，并向顾客做出合理的解释或向顾客真诚地致歉，以取得顾客的谅解，最终使顾客收起他们的坏脾气。

站在顾客的角度去处理问题。当顾客大发脾气表示不满时，开店高手不会和顾客去据理力争，因为他们知道争辩不仅不会解决问题，反而会更加惹怒顾客，使局面变得不可控。从销售角度来讲，一旦出现这种情况，势必会影响销售，所以，一般情况下，开店高手会站在顾客的角度去给予顾客理解和同情，并在此基础上与顾客进行有效沟通，帮助顾客把问题解决掉，使顾客平复情绪购买商品后离开。

不管哪种生意，都要跟各种各样类型的顾客打交道，每一种类型的顾客都有他的个性，与他们沟通时，若找不准合适的方式，就可能无法成功卖出商品，错失赚钱的机会。尤其是对于急躁型顾客来说，不仅可能赚不到他的钱，还可能引发他的暴脾气。所以，在店铺销售过程中，在面对急躁类型的顾客时，更要谨慎对待，一方面要注意方式方法，一方面还要注意自己的态度。当然，一切的销售技巧都不如拥有真正为顾客竭诚服务的心态，只有你真正站在顾客的角度去思考问题，尽最大努力让顾客的合理诉求得到满足时，再急躁的顾客也能摆平，而这也是赢得顾客信赖的绝佳途径。开店高手都深谙此理，所以，他们的生意会做得比别人好。

15

如何让犹豫型顾客不再犹豫

——耐心：耐心是应对犹豫型顾客最好的技巧

在销售中经常会碰到一些犹豫型的顾客，他们不是没有购买欲望，他们在购买商品时表现出来的犹豫，往往是性格使然，也就是说他们天生优柔寡断，在对待任何事情时，都会思量再三，难以下决断。那么，碰到这样的顾客，该怎样促进销售的成功呢？

首先需要了解这种类型顾客的心理特点。犹豫型顾客往往很难干脆利落地做出购买决定，他们无论面对什么问题都会犹豫不决，左思右想。这类人在和他人交流时，由于会一直沉浸于问题中不能自拔，所以往往会显得神情恍惚。这种类型的人遇到事情后，会一再拖延，他们不是不想下决定，只是需要衡量的东西太多，而且，他们的内心也不愿意让别人替自己做决定，他们有自己的想法，希望自己做主，只是因为想得太多，很难快速做出决定。在思考的过程中，他们也不希望被别人看透心思，所以对待这样的顾客一定不能操之过急。在店铺销售过程中，销售人员应该从多方面去试探，看看顾客的犹豫到底出于哪些原因。一般情况下，犹豫型顾客主要考虑再三的地方有商品的价格、质量和售后服务。也就是说，他们在考虑是否购买此件商品前，决定买不买的原因不是这件商品对他们有什么好处，而是更多在乎购买后带来的损失，即担心购买后自己会因为考虑不周而蒙受损失，使自己后悔不迭。面对这种顾客，一个开店高手往往会采取以下几种应对策略。

了解顾客犹豫再三的原因。当一个顾客在某件商品前停留，目光中流露出留恋之情时，我们基本就可以断定，顾客对这件商品是有购买欲望的，但是看上去他又表现出犹豫不决的样子，这时销售人员可以和他进行沟通，用技巧性的询问引导顾客说出心里的想法，继而给出顾客想要的更多信息，让顾客对商品的价格、质量和售后服务有一个更加全面的认识。在这个过程中，销售人员一定要有耐心，对顾客关心的核心问题予以更多的解读。通常，销售人员表现的真诚态度和耐心，会让顾客说出他的一些想法。

耐心地留住顾客。了解到顾客犹豫的原因后，开店高手会根据顾客的心理做出迅速反应，也就是针对顾客的疑虑或担心给出一定的意见。但是，有些时候顾客对于店家的建议并不买账，所以会因此选择离开。这时候销售人员尽量要挽留顾客，表现出十足的耐心，因为顾客一旦离开，就表明顾客已经下了决定，不会再考虑购买这件商品了。所以，留住顾客才有重新激发顾客购买欲望的机会。

一个服装店老板说过这样一个事例。她说，她就遇到过一个犹豫型顾客，但由于自己耐心地对待顾客，最后对方在她那里买了好几件衣服。事情是这样的：那是一个周末，作为老板的她正在试衣间接待顾客时，看到一个女孩来到店里。女孩在店里看了一会儿后，拿了一条牛仔裤进了试衣间。老板赶紧走过去问女孩，是否可以帮她找一件上衣搭配一下。女孩对她说不用了，自己先试一试这条裤子是否适合。老板说可以，并说："您先试着，我再找几款不同的裤子你都试一下。"一会儿女孩从试衣间出来，对着镜子看了一阵儿说："感觉不太好看，其他版型的你再拿几件给我试一下。"于是老板就把适合女孩穿的所有版型都拿给了她，然后又帮她找适合搭配裤子版型的上衣，让女孩逐一去试穿。在女孩试穿的过程中，老板发现女孩属于犹豫型顾客，于是非常耐心地帮女孩分析每件裤子和上衣穿在她身上的效果，虽然女孩性格犹豫，但是老板的耐心和真诚的态度却让她很满意，最后在老板的建议下，她买了最适合自己穿的一个版型的牛仔裤和一件格子衬衣。

可能一般人觉得已经卖出两件衣服就可以了，可是这位老板从女孩的话语举止中判断这是一个很有挖掘潜力的顾客，于是，她并没有停止推销，在女孩选了裤子和衬衫后，她又拿过来两款大衣让女孩试穿。大衣一件是浅灰色短款和一件蓝色长款。两件大衣女孩都试穿了一下，但不太满意，后来女孩走到一件长款毛衣前停下，老板赶紧拿下这件毛衣让女孩试穿，就这样女孩又反复试穿了好几件毛衣，最后选了一件淡黄色短款毛衣和一条牛仔长裙。女孩从进店铺到离开店铺用了两个多小时，试穿了十多件衣服和裤子，老板一直陪在女孩身边帮她推荐，帮她搭配，帮她挑选，这让女孩很满意。她跟老板说自己有选择恐惧症，所以耽误了老板那么长时间，很不好意思。临走时还跟老板要了名片，加了微信，说以后希望老板能给她推荐适合的衣服。

从这个案例中能总结出一点经验，那就是服装店铺的销售人员面对一个犹豫型顾客时，一定要有耐心，并主动为顾客推荐更多的衣服让其试穿，这样才能提高成交的机会。

激发顾客的购买欲望。当顾客进入店铺后，开店高手往往可以凭借顾客在某个商品前停留的时间判断出她对这件商品的喜爱度，并迅速做出反应，对顾客进行正确的引导，从而调动顾客的购买欲望。一个犹豫型的顾客，其最大的特点就是犹豫不决，当销售人员给出的建议能让他心动时，就会使他的购买欲增进一步。也就是说，当顾客喜欢某件商品时，到最后他是否真的决定买下来，其中有很大因素取决于销售人员的耐心推荐和合理建议，一个让顾客满意的建议往往会增强顾客对商品的满意度，激起顾客购买的欲望。在上面的服装销售案例中也体现了这一点，女孩在毛衣前的停留，让老板得以知道女孩更倾心于针织衫，于是她耐心帮女孩从多种款式中找到女孩喜欢和适合的一款。如果老板没有这个判断和之后的推荐，以及不厌其烦地让女孩多种款式地试穿，可能女孩买了裤子和衬衫后就离开了。可见，这个老板在面对一个犹豫型顾客时，并没有因为顾客的犹豫和多次试穿而不耐烦，反而以真诚的态度和十足的耐心帮助女孩最终买到了喜欢的衣服。

打消顾客的疑虑。当顾客看中一件商品又显得有些犹豫不决时，开店高手都会主动上前问顾客想要什么，并根据自己的判断给出建议，打消顾客的疑虑，使对方下定决心购买此商品。在这个过程中，销售人员所采取的方法主要有二选一的方法。这个方法就是，当顾客面对各种商品不知做何选择时，要尽量将顾客引至两者任选其一的方法上来，就是要么选彼要么选此，没有第三种选择。当然在这个过程中，要用含蓄的态度去推荐，委婉地、不露痕迹地给出非常有建设性的建议，使顾客逐渐打消疑虑。没有一种商品是完美无瑕的，或者完完全全令顾客感到满意的，而开店高手会运用自己的方式消除或弱化商品的某些弱点和缺陷，强化商品的亮点，使顾客心中的疑虑解除，并最终促使交易成功。

郑俊是一家小百货店的店主，一天店里来了一个男人，男人进店后左顾右盼、东张西望。店主问男人需要点什么，男人说自己来东北看一个客户，不知道该买点啥礼物。郑俊说烟和酒都行，男人站在那里一副犹豫不决的样子，郑俊干脆建议男人给朋友买几瓶酒。他说："我们东北比较冷，男人大多喜欢喝酒，特别是现在大冬天的，很多男人每天基本都会喝上两口，买几瓶酒给他应该不错。"于是男人听了店主的建议，决定买几瓶酒。但一看酒的价格有点高，就又犹豫起来。郑俊忙说：“作为赠礼这个价格还算可以，太便宜的也拿不出手，毕竟是礼品嘛。”顾客想了想，点点头，最终买了酒离开。

在面对犹豫型顾客时，开店高手不仅主动耐心，还会给出建议，以打消顾客的疑虑，使顾客下决心购买此商品，从而完成交易。

16

当你遇到理智型顾客时，这样做

——专业：用你的专业去打动理智型顾客

不论开什么样的店，都会碰到不同类型的顾客，而在这些顾客中，理智型顾客绝对不在少数。开店的人可能更愿意与好表现型顾客打交道，因为这种类型的顾客喜欢听人夸奖，只要不吝赞美之词，对其进行夸赞，他就容易听得进销售人员的建议，容易对销售人员推荐过来的商品产生购买冲动。但是理智型顾客则恰恰相反，这种顾客比较固执，不容易受销售人员推荐的影响，对于想买什么，他心里一旦拿定主意，就很难再更改。一个服装店主就在网上分享过这样一段经历。

一天，一个顾客来到这个店主所经营的服装店。这是一个男性顾客，他进到店里后，朝四周环顾了一会儿，停在西服区盯着一件西装看了看。这时，店主走过来问他需要什么品牌的西装，顾客并没出声，继续在西装区浏览着，并时不时地伸手摸一摸挂着的衣服。这时，店主再一次开口问他是不是想挑选一套西装，顾客依旧没吭声，只是点了点头。因为这位顾客衣着比较讲究，所以店主把刚到货的几件新款西装介绍给他。顾客一边伸手翻看着面料，一边问价格。店主说："这套西装打完折后5980元，这是进口的面料，您可以试一下。"顾客没说话，继续浏览着其他衣服。店主又向顾客推荐了几款西装，但是顾客并没有试穿，转了一会儿后便离开了。这个顾客就属于理智型顾客，在他心里对于自己买什么款式和价格的服装，早已有一个标准，所以不会轻易被销售人员的推荐而改变初衷。

那么，销售人员如何顺利地让理智型顾客购买商品呢?

作出判断。当一个顾客进入店里后，销售人员应该凭借自己的经验对其是不是理智型的消费者进行一个判断，如果是，就要采用应对这类型顾客的策略。其实，这种类型的顾客还是比较好判断的，他们一般不会打扮得过于古怪，不论服装还是首饰都不会显得夸张，言行举止也会显得大方得体。另外，他们看上去比较冷淡，给人一种不容易接近的印象。这是因为理智型顾客尽管未必属于内向型，但喜欢与他人保持一定距离。他们对于别人的言语、过度的热情会产生自然的防范心理，与销售人员交谈时往往会显得咄咄逼人。一旦碰上这样的顾客，销售人员就可以判断其为理智型顾客。

不要进行强迫性的推荐。很多时候，店里来了顾客，如果是服装店，店主或导购会主动热情地向顾客推荐各种款式的服装，如果是化妆品店，就会向顾客推荐各种护肤品，有时候那股热情让顾客难以招架，然而这样的服务并不一定能成功推销出自己的商品。尤其对于理智型的顾客来说，这一招真的不太好使，因为这类顾客并不会相信销售人员的推荐，而且他们对强迫性推销特别反感，这主要是他们心里自有主张。所以，很多时候，这是销售人员没有对顾客类型做出判断就开始各种推荐时，往往碰壁的原因。生活中，很多销售人员会犯这样的错误，在顾客还没打定主意是否购买某件商品时，销售人员为了帮助顾客赶快做出决定，会很心急地希望顾客购买，并表现出一种强迫式的成交态度。这种态度和方式，恰恰会引起理智型顾客的反感，让他们十分讨厌，从而影响交易的成功。有经验的开店高手，在判断出顾客是理智型的消费者后，往往会采取和缓的沟通方式，用商量的口吻、客观的态度，向顾客介绍自己的商品，这样反而容易打动这一类型的顾客。

回答顾客疑问要专业。面对一个理智型顾客时，要以平和的态度待之，并注意聆听他的话，以显示对他的尊重，以及对他所显示出来的丰富经验的认可。有时候，理智型顾客的话会咄咄逼人，在这种情形下，开店高手绝对不会表现得惊慌失措，而是会认真地倾听顾客需要解答的疑问，并言简意赅地对顾客想要了解的问题做出解答，让对方感受到自己的专业，使其做出购买的决定。例如，在一个美容店，顾客问美容师，为什么乳霜中要加入维他命C？假如美容师给出的答案是这样对皮肤好，那就显示不出来美容师的专业性。所以，在回答这个问题时，应该对顾客说得更详细一些。比如，可以对顾客说维他命C可以避免紫外线对皮肤的伤害，虽然我们平日里也会通过饮食摄取到一定量的维他命C，但是它们主要是为身体内部提供营养，基本不会到达皮肤的表层，所以，在做皮肤护理时加入一些维他命C是为了让皮肤表层得到滋养。对于这样的回答，顾客会比较认可。而顾客关心的问题还有价格，理智型的顾客会在心里有一个价格底线，也就是说，他们想花多少钱心中是有一个预算的，如果你一味地向他们推荐超出其预算的商品，哪怕这种商品物超所值，他们也不会购买。所以，在向这类顾客推荐商品时，要通过沟通，了解他们的预算，从而有针对性地为他们介绍商品。

如何做推荐。在向理智型顾客推荐商品时，要尽量做到逻辑清晰、条理分明且言简意赅，因为理智型顾客不喜欢拐弯抹角的话，不喜欢模棱两可、含混不清的话。比如，什么新款式啊，新到的货啊，这个款式卖得很好，等等。对于理智型顾客来说，他们所看重的不是新颖，而是商品的价格和品质。不管什么商品，如果效能和品质达不到他们的要求，即便样式再新潮，他们也不会动心。而且这类人比较稳重，过于花俏的商品也不要向他们推荐。另外，不要用礼品和优惠券之类的东西去诱惑他们，他们基本上不会为之所动。如果想卖价格超出他们预算的商品，价格可以稍微降一下，最好一次把价格降到能让他们有所心动的界点，否则就会功亏一篑，因为他们不会给你第二次机会。

在店铺经营中，店家总会不断地向顾客推荐商品。比如，当顾客买了一条裙子时，商家会趁此向顾客推荐搭配的衬衫、短袖。但有的商家想让顾客附带购买时，由于缺乏经验，附带推销并不理想，尤其针对理智型顾客。而开店高手往往会获得推销成功，这主要是因为他们懂得为这类顾客做搭配，假如在化妆品店，一个理智型顾客购买了保湿霜，商家就会建议其购买晚霜，因为这样的搭配可以更有效地对皮肤进行保养。由此可见，想让一个理智型的顾客买了一件商品后，再购买另一件商品的话，就得让顾客觉得这个钱花得值。

在经营活动中，虽然理智型顾客不容易被销售人员的各种商品推荐所打动，但是方法如果用对了的话，一样可以和他们交易成功，甚至可以让他们附带购买其他商品。一个开店高手，必然懂得怎样让这类顾客决定购买自己的商品，甚至让他们成为自己的回头客。

17

其实挑剔型顾客也没那么可怕

——不急：针对挑剔型顾客不要急于求成

很多店铺的销售人员都碰到过这样一类顾客，那就是顾客进入店内后，对想要购买的商品看了又看，问了又问，对商品无论从性能、品质，还是价格上都提出各种问题，尽管销售人员一一回应，但还是无法让他们满意。他们可谓百般挑剔，而且就算销售人员围着他们忙了半天，也可能到最后还是无法成功交易。这种顾客被商家称为挑剔型顾客。

挑剔型顾客一般是性格使然，这种顾客喜欢挑毛病，总是这也不行，那也不行，很少有商品能让他们完全满意，特别是在成交的时候，他们更是鸡蛋里面挑骨头。这类顾客大都喜欢“追求完美”，属于比较心细的消费者。另外，还有一种挑剔型顾客是因为在购买商品时，上过商家的当，所以他们对销售人员有戒备心理，针对某种商品不敢轻易相信销售人员的话。而且由于过去的上当经历，使他们在与销售人员沟通的过程中，产生一种逆反情绪，面对销售人员时莫名其妙地牢骚满腹，或者对其冷嘲热讽、找麻烦，以寻求心理平衡。

对于这类挑剔型顾客，很多商家唯恐避之不及，一旦发现顾客比较挑剔，就失去了沟通的信心，或者懒得搭理，采取冷漠和傲慢的态度待之。毋庸置疑，商家的这种态度会让顾客敏锐地感知到。没有谁喜欢他人的冷漠和傲慢，更何况作为消费者，所以在这种情况下，达成交易的可能性很小。

作为商家，需要售卖自己的商品以赚取利润，而能越多地留住进店的顾客，就越有机会卖出更多的商品。无论哪种类型的顾客上门，都应该积极对待，以顾客喜欢接受的方式向其介绍、推荐店铺内的商品，从而促成交易。所以，再难搞定的顾客，只要掌握了他的特点，对症下药，一般都是可以顺利成交的。所以，当你遇到挑剔型顾客时，只要找到合适的方法与之沟通，也是一样可以让他做出购买决定的。

张珂是一家餐馆的服务员，一天来了一伙客人，张珂把他们带到一个单间后，看他们的意思人还没有到齐，张珂便问客人们需要什么茶水，这些人都在互相交谈着，没人搭理张珂。看着这种情形，张珂变得比平时谨慎了一些，因为直觉告诉她，这些客人不太好打交道。果然，上菜时，一个客人非常不满意地对张珂说："你们店里上菜怎么这么慢啊？"张珂见客人盛气凌人的样子，赶紧说："不好意思，今天客人比较多。让你们久等了，抱歉，抱歉。"当客人点的清蒸鲈鱼上来后，那位主宾又盯着张珂问："你怎么把鱼头朝向我，待会你准备替我喝鱼头酒啊？"虽然这位客人说话挺咄咄逼人，但是看得出来并没有一定要深究的意思。不过，在这种情形下，张珂还是不敢大意，便小心地说："您是贵客，所以这鱼头才朝向您的。"听了张珂的话，那些客人都嚷嚷着跟这位客人说："对啊，你是贵客啊，这鱼头酒你得喝啊。"大家这么一起哄，那位客人也不好再说什么，笑着举起了杯。显然，作为服务员的张珂，在面对挑剔型顾客时所做出的反应还是不错的。之所以张珂会那么小心地应对，就是源于她最初对客人类型的判断，因为有了这个判断，才有了后来的正确应对。可见，当我们发现来者是挑剔型顾客时，只要采取合适的应对方法，还是可以避免顾客的不必要的纠缠。

那么，当店里来了挑剔型顾客时，销售人员应该怎样应对，才能达成交易呢？

了解顾客的特点，耐心应对。当顾客进入店内，店内销售人员应该凭借顾客的言行举止做出判断。如果发现顾客是挑剔型的人，就要根据这类顾客的特点做出正确的应对。我们已经知道，这类顾客心比较细，对想要购买的商品会提出各种问题，对销售人员的态度也会很计较，所以，不管这类顾客对商品提出什么样的问题，销售人员都需要以好的心态去面对。

以顺应的方式，借势把商品的优点凸显出来。这种方式是借顾客拒绝的理由作为回答，趁势凸显顾客的需要正是这件商品所具备的。这样就轻易地将商品的性能、优点介绍出来了，从而让顾客尽快做出购买的决定。

在一家化妆品店内，一位女士看上了一款洗发水，但是她并没有立刻购买，而是先问销售人员这款洗发水是不是假冒伪劣产品，销售人员告诉她自己的店里从不卖假冒商品，假如顾客能提供证据，很愿意和她们一起打假。接着销售人员就开始向这位顾客介绍这款产品的性能，还拿出几款洗发水和它的性能作对比。顾客听后并没搭话，销售人员见状问顾客需要什么功效的洗发水，可以帮她推荐。顾客一脸严肃地说：“别的都是瞎扯，用过后头发柔顺才是关键。”销售人员说：“您是一位懂得护理头发的顾客，我的一个朋友是首席发型师，她曾跟我说过头发护理非常重要。非常巧，您看中的这款洗发水最大的功效就是用过后头发柔顺飘逸，因为这款洗发水里含有丰富的营养成分。”

在这个案例中，那位女顾客态度冷漠，言辞不善，绝对是一个挑剔型的顾客。遇到这类顾客首先要以平和的心态去和她沟通，并采用顺应她的方式，先对顾客的意见给予肯定，然后再给出她想要的答案。在经营活动中，很常见的一件事就是顾客往往会嫌商品贵，有经验的销售人员肯定会说：“这是名牌啊，名牌商品肯定价格会高一些的。”这都是顺应策略的体现。

采用转折策略。如果顾客是挑剔型的人，当他提出质疑时，最好不要与他针锋相对，也不要直接对他说“您说得不对”“不是这样的”，这会让这类型顾客的心里很不舒服，从而影响他们做出购买的决定。正确的做法是，先对他们的观点给予肯定，然后再委婉地指出顾客没有考虑到的关于商品的另一面。在挑剔型顾客谈论自己的看法时，销售人员要注意聆听，而不是随便打断，这样既避免了顾客因被打断说话引起不满，销售人员也能真正了解顾客的需求和疑惑，从而给出对方想要的答案。

拖延回答策略。如果面对一个挑剔型顾客，当销售人员在介绍商品，顾客并不友好地提出质疑时，不要冲动，以避免和顾客发生不愉快，影响销售。应该采取的办法是，告诉顾客先听自己把商品介绍完，然后再回答他的问题，这样就可以给自己腾出时间，把关于商品的重要信息介绍完整，用有说服力的商品介绍打消顾客的疑虑。当然，在销售中这并不是一个好的策略，尽量不要使用。

采取否定方式。这个方式要运用得当，也就是当顾客以极其不友好的态度对商品提出质疑时，可以直接采取否定方式。比如，顾客说："你这件毛衣肯定会起球。"这时你可以告诉她："这件毛衣绝对不起球，如果你买回去穿着起球的话，我赔十件给你。"切记这样说话的时候，态度一定要真诚，否则会让顾客觉得你对他不尊重。另外，还要表现出一种很理直气壮的模样，让顾客相信你没有说谎。只有让他相信你说的话，他才能觉得物有所值。

事实上，再难对付的顾客也有需求，他进入店铺就是为了消费，只不过挑剔型顾客由于有时说话犀利，态度不够和善，对商品的各种问题问得太多，对销售人员又往往很难信任，所以使得销售过程变得有些曲折。而既然他有需求，就有交易的可能，所以，只要销售人员掌握挑剔型顾客的性格特点，并针对性地采取相应的方式去应对，巧妙地避开对促进销售不利的关键点，还是可以顺利达成交易的。

18

如何让沉默型顾客做出购买决定

——讲话：打破顾客的沉默让他开口说话

很多时候，商家会发现有这样一类人，他们进入店铺后，看上去有些压抑，也不向销售人员询问商品的任何情况，只是默默地逛几圈，然后离开。如果有销售人员过去打招呼，询问有什么需求的话，他们可能会停下来，也可能依旧不吭声，然后离开。对于这类沉默型顾客，开店高手往往会巧妙地和他们沟通，让他们开口说出自己的需求。在开店高手看来，这类顾客需要激发他们的购买欲。

事实上，进入店铺的顾客大多是有需求的，只是有些人表现得比较沉默而已，这类人或许是性格的原因，或许是心情的原因，使他们不愿意随便张口说话。但是，既然他们走进了店铺，就应该是有需求的。可是，有些销售人员碰到这类顾客后，一是不主动过去和顾客搭讪介绍自己的商品，二是找不到合适的话题，让顾客说出自己的需求。不管这类顾客是什么原因不说话，不管他们是故意为之，还是真的性格使然、情绪使然，都是销售人员在销售过程中不得不面对的一个难题。任何事情总有解决的办法，对这类顾客，销售人员如果采取合适的方法，想要留住他们还是大有机会的。只是针对这类顾客，必须让他们开口说话，了解他们的需求，并运用合适的方法向对方推荐他们可能有意愿购买的商品。

一个沉默型顾客往往有这样的特性，那就是当销售人员向他推荐和介绍商品时，他会表现得比较冷淡，即便销售人员去主动跟他交流，也很容易因为他的消极态度使沟通陷入僵局。他似乎对销售人员的推荐无动于衷。所以，有时候不管销售人员怎样想接近他，他始终是一副冷淡的样子，不做任何回应，让人难以接近。在遇到这类型的顾客时，销售人员就会认为他是一个沉默型顾客，他不容易接近。

那么，在销售过程中，遇到这类顾客时，销售人员该如何去做，才能最终激发他的购买欲望呢？

先不要打扰顾客。当沉默型顾客进入店铺后，先不要急着去询问他，而是给他一些时间让其在店里浏览，让他对想要购买的商品根据自己的感觉去观察、去比较。在他自行浏览的过程中，也不要紧紧盯着他。在这个过程中，你可以通过不经意的观察，留意顾客在商品前停留的时间和揣摩的神态，判断顾客对哪类商品感兴趣。然后根据你的观察，不失时机地上前与顾客进行交流。如果顾客一进门，销售人员没有经过观察判断就急着开口推荐店里的商品，而恰巧这位顾客又属于沉默型的消费者，那这种推销就似乎没有任何意义。

比如，在一个服装店，当沉默型女顾客进入店内，浏览某类服装时，导购赶紧迎过去说："您好女士，这是我们店里刚到的新品，面料很不错，柔软透气，而且样式新颖，很适合您。"或者说："您好，您看的这款裙子卖得非常好，我们已经补过几次货了，很多顾客都喜欢，您也试一试吧。"虽然导购的推销够热情，但是顾客似乎并不领情，看看后扭头走开，根本没搭理导购。这里的导购所犯的错误就是太急于推销，根本没有对顾客进行观察，也没有找到与顾客合适的沟通方式，所以她的推销注定是失败的。沉默型顾客对于销售人员过于热情的推荐，会很自然地增强戒备，对目的性太强的推荐非常反感，所以他们会对导购所说的话无动于衷。而最好的办法是让顾客自己先浏览，并且销售人员在跟顾客交流时也不要使用带有太强的推荐意味的言辞，像什么“这款是刚到的货”“这款你穿上一定好看”等话语。对于沉默型顾客而言，他们虽然没有搭话，但心里会说：“我知道什么样的衣服适合自己，你不用忽悠我。”可见，先给沉默型顾客留出一定的时间自行浏览商品很重要，而且和这类顾客的交流也需要采取合适的方式。

那么，在遇到沉默型顾客时，应该怎样开启和他们的对话？怎样引导他们开口说出自己的需求呢？

交流时以疑问句开头。但凡顾客来店里，一定是有需求的。销售人员也只有了解了顾客的需求，才能有针对性地为顾客推荐商品。所以，当销售人员面对一个沉默型顾客时，要先想办法让顾客说话，了解顾客的需求。如果销售人员只是自顾自地向顾客推荐商品的话，显然不是一个好办法。如果再用一些比较专业的话与顾客交流的话，更是难以引起顾客的兴趣。所以，开店高手绝对不会使用这种办法，他们往往会针对顾客感兴趣的商品问一些简单的问题，使顾客开口讲话。比如，当顾客在奶粉专柜前停留时，销售人员可以问顾客想买哪类奶粉，是给孩子买还是给老年人买，这样顾客就会张口说话，告诉销售人员自己的需求，这样销售人员就可以有针对性地进行商品推荐和介绍。

和顾客拉近关系。有些沉默型顾客并不是性格使然，而是故作沉默，之所以如此，是这类顾客对销售人员不信任，害怕自己被忽悠。由于这种心理作祟，使得销售人员很难接近他，并进行有效交流。对于这类顾客，想要让他们开口讲出自己的需求，就要想办法拉近彼此的关系，让他们消除内心的抵触情绪，从而有机会针对他们的需求做相关的商品介绍和推荐。比如，可以问顾客的衣服或者饰品是在哪里买的，并说自己很喜欢，也想买一件。通过这种交流的方式，可以和顾客作进一步的交流，在不经意间消除对方的过度防范心理，拉近和对方的关系，从而打破僵局，赢得进一步沟通的机会。

积极引导。有些沉默型顾客属于不太会讲话的人，这类顾客往往对自己的需求表达得不是很清楚，而且又不愿意多说话。对于这类型的顾客，销售人员要有耐心，尽可能地替顾客多提出一些关于商品的问题，然后逐一进行解答，帮助顾客获得想要的信息。在回答问题时，要做到言简意赅，通俗易懂，争取让顾客听了解答后就能清楚商品的性能等问题。当这些问题都被解释清楚后，沉默型顾客往往会说出自己的想法，这时销售人员就可以根据顾客的需求，有针对性地推荐商品。

有些沉默型顾客需要热情对待，他们只是表现得比较冷漠，其实，本性未必是沉默型的，只是在面对销售人员的时候，表现出一副冷漠的样子。在这类顾客的印象中，销售人员无非是一群为了获得提成而卖力推荐商品的人，他们只会为顾客介绍一些高提成的商品，而不可能站在顾客的立场为自己挑选商品。所以，对于销售人员的言辞，他们不予理会。在遇到这类顾客的时候，销售人员一定要有足够的耐心，用适度的热情去跟他们沟通，想办法赢得他们的信赖。当他们对销售人员的服务认可后，就会很容易做出购买的决定。

如果顾客不想交流就暂停。有时候，尽管销售人员积极地推荐商品，但是沉默型顾客就是不愿多说一句，这时候，就要停下对商品的介绍，微笑地对顾客说："您先自己看看，有需要再叫我。"当然，让顾客自己看看并不是说就放弃了推荐，要在顾客浏览商品的时候注意观察，并不失时机地再去和顾客交流，以避免顾客离开。

不管是经营什么店铺，在遇到沉默型顾客的时候，都要想办法先让顾客开口，然后再进行商品推荐。事实上，只要顾客有需求，不管他沉默与否，能为他提供所需要的商品，能满足他对商品的心理预期，就可能成功交易。只是在这个过程中，需要销售人员采用适合这类顾客的交流方式，打消他们内心的顾虑而已。

Chapter 4

开店高手的“望、闻、问、切”

兵法云："知己知彼，百战不殆。"在战场上，两军交战想要获得胜利，必须对敌我双方的情况了解清楚。同样，在销售活动中，想要取得更好的业绩，销售人员也需要对顾客有一个更为详细的了解。对顾客的需求、顾客的个性特征等，了解得越详细，制订出的销售计划可行性越高。在销售过程中，只要销售人员做出的应对策略是恰当的，就能在和顾客打交道时，显得得心应手。因此，开店高手往往从顾客进店的那一刻起，一直凭借着对顾客言行举止的观察，边和顾客进行交流边判断顾客的个性特征和真实需求。当然，开店高手的这种判断，是有一定技巧的，而在这一章中，主要就是为大家详细介绍这方面的技巧，希望通过学习，使开店新手也能间接获得一些销售经验，从而在店铺经营中，做到心中有数，应对自如。

19

通过观察身份特征，判断顾客的需求

——差异：不同身份特征的顾客需求是有差异的

现代社会，由于商品相当丰富，顾客的需求也变得越来越挑剔，商家的竞争也日益激烈，想要在众多竞争中占有一席之地，在商品销售中就必须找到更强的竞争方式。就拿店铺经营来说，想要提高销售额，营业员在向顾客推荐商品时，就要有针对性，这样既可以节省时间和精力，也能提高成交率。而对具有不同身份特征的顾客采取不同的推销手段，就是一个可行的办法。不同身份特征的顾客，在消费上会有一定差异，销售人员唯有在弄清楚这些差异后，才会在短时间内更准确地了解顾客的需求、购买动机以及在服务态度上的敏感度，从而和他们进行有效沟通。

研究表明，现代社会尽管影响消费的原因很多，但不同身份特征的顾客还是显示出了一定的趋向性和规律性，因此，掌握顾客的特点对于开展商品推销业务是有积极影响的。比如，在顾客中有中老年顾客、中年顾客和儿童顾客等，不同年龄的人在购买商品时，会反映出不同的消费心理。研究显示，中老年人更相信用惯了的老牌子，广告宣传对他们的购买行为产生的影响不大，他们更看重商品的质量和价格的公道。在购买商品时挑选得也比较细，消费更谨慎，对营业员的服务态度也十分在意。而青年顾客对质量有保证的新产品会更加青睐，他们对新鲜事物更容易接受，喜欢追随潮流。所以，青年顾客购买的商品大都具有新时代特色，以彰显他们的现代化生活方式。所以，销售人员在这类消费者面前，应该多介绍新商品，勾起他们的好奇心和购买欲望。另外，由于生活压力不是很大，且这个年龄段的人精力充沛，兴趣广泛，所以需求范围也很广，各种商品、各种档次都可能有需求。不仅如此，青年消费者在购买商品时，往往还表现出不理性消费的特性，常常会冲动消费。也就是说，对于某件商品来说，他眼下未必有需求，但是这件商品可能在一些方面使他产生了兴趣，要么符合他的审美观赏性，要么他觉得物有所值，于是他就会凭着一时冲动买下这件商品。

除此之外，心理学研究显示，性别、职业、收入、受教育程度以及个性和生活方式等方面，也决定着顾客的消费需求、购买欲望和能力。比如，经济实力有差别的顾客，在购买同一类商品时，会根据自身的经济能力来选择高中低档商品。比如，购买一桶洗衣液，经济能力强的顾客就会选择品牌，因为不差钱，所以会选择价格高一些、更为优质的同类商品。而经济能力弱的顾客为了节省开支，往往会选择普通牌子的。所以，有经验的销售人员会根据顾客的衣着打扮、行为举止为顾客推荐不同价位的商品。

身份地位不同的顾客购买需求也不同。同样是购买服装，一般的农民工比较注重价格便宜、耐穿的衣服，而演员群体则会购买款式新颖、质地优良，能充分展示其个人魅力的服装。

由于性别不同，男女顾客在消费心理上也有一定差异。男性不像女性喜欢逛街购物，一般情况下，男性顾客有了明确的购买目标时才会去商店，到了商店后基本上会直奔自己感兴趣的商品区，而且对想要购买的商品也比较笃定，轻易不会被营业员的推荐干扰，即便面对几种同类商品，也能在短时间内做出选择，而不会花费大量时间衡量来衡量去的，购买了之后即便发现商品有点小问题，也不会再去店里要求退换。在选择商品时，男性顾客更注重它的实用性能，属于理智型消费。基于男性的消费特点，销售人员推荐商品时，应将重点放在商品的性能、使用方法和可能达到的效果方面，并力求言简意赅，使男性顾客求快的购物心理需求得以满足。

在消费活动中，女性和男性不同。通常情况下，在同类商品的选择上，男性注重的是性能，女性则会从外观比较美、实用性强以及价格实惠等方面考虑。绝大多数女人都比男人更在意价格，因为女人比较心细，害怕吃亏，这也表现在她们挑选商品时更挑剔，会翻来覆去地衡量比对，甚至为了买一件物品逛很多家商店，进行比较，对是否购买迟迟决定不下来。另外，女性顾客在消费上，很容易被促销、优惠等活动打动，造成冲动消费，购买一些可能永远用不上的商品，或者买了许多不适用的商品，因此退货现象在女性消费中也经常出现。对于冲动购物，女性顾客尽管事后会后悔，但是这个毛病却改不掉。所以，面对女性顾客时，销售人员要多一分耐心，在推荐商品时要抓住女性的消费特点，把介绍的重点放在她看重和介意的地方，然后提出建议。除此之外，基于女性的敏感性比较高，在服务态度上，也要表现得更加热情周到，如果能在短时间内赢得她的信赖就会更容易达成交易。

一个优秀的销售员，往往是在工作中通过不断地观察和思考，慢慢掌握推销商品的技巧的。比如他会对具有不同身份特征的顾客所购买的商品去思考：他为什么买了这件商品？这件商品满足了他的什么需求、动机？久而久之，就找出了一定的规律，并根据这些规律采取不同的推销手段和服务态度。

在销售人员中之所以出现销售业绩差异很大的现象，主要在于他们有没有经验的积累，经验积累得越多的人，销售也会越顺利。但是，经验的积累并不完全取决于时间长短，还取决于销售人员能否做到善于观察、思考和总结。如果能，则会快速积累经验，反之则不然。顾客的身份特征有些一目了然，如年龄、性别差异，这些是非常明显的。但是诸如身份地位、经济收入、个性等这些特征，在识别上会有些难度，因为一些社会地位比较高或者经济实力比较强的人，由于为人处世比较低调，从衣着打扮甚至外貌特征上很难一眼就能看出来，所以，在识别这类人时，如果不用心、只流于表象的话，就会容易判断失误。身份特征一旦判断有误，对顾客的需求就会摸不清楚底细，这样在商品推销环节就不会顺利。所以销售人员要学会观察，这样才能从顾客的言行举止中快速判断出他的身份，从而获悉其购买需求。

当对顾客的身份和需求做出判断后，接下来的商品介绍和推荐环节也是不可忽视的，不同身份特征的顾客对销售人员的推荐会抱有不同的态度，对销售人员的服务也存在不同的感受。所以，即便同样都是顾客，但面对不同的顾客需要采取不同的对待方式。对教育程度比较高的顾客，在商品推荐过程中，要力求言简意赅，要更注意专业性，还要显示出个人良好的素养来，这样更容易赢得他们的信赖。对待老年顾客要有耐心，在介绍商品的性能和使用方法上，要更加细致，力求让顾客在你的讲解下真正掌握这些信息和常识，要以“老吾老以及人之老”的态度去对待他们，使他们获得良好的购物体验。

其实，判断顾客身份特征的过程，既是洞悉顾客购买需求的过程，也是采取以恰当方式应对顾客的过程，在这一过程中对顾客的需求判断要准确，和顾客沟通的方式也要正确。开店高手所积累的经验就是，不论是对商品的描述还是对待顾客，态度上要适度，对不同的顾客要掌握的分寸也不同。心理学研究认为，分寸体现了一个人的教养，它表现在能换位思考，而在销售过程中，销售人员的这种分寸感很容易打动顾客，让顾客对他产生信任，从而影响顾客的购买决定。所以说，在店铺经营中，想要提高销售能力，就要通过观察不同身份特征的顾客在需求和服务上的差异，然后采取相应的应对方式，以达到交易成功的目的。

20

学会倾听让你更容易获悉顾客的需求

——倾听：学会倾听可以帮你提高销售业绩

在店铺经营中，很多店主或销售人员特别能说会道，顾客进店后，他们会马上热情地和顾客打交道，询问顾客需要什么，有时候顾客还没想好要买什么，只是想先逛一逛，看一看，然后再决定。但是，营业员却迫不及待地跟在顾客身前身后推销店里的商品，惹得顾客不胜其烦。显而易见，这是一种费力不讨好的行为。开店赚钱，想要卖货这谁都能理解，但是只顾赚钱忘了他人的感受，并在对顾客的真正需求和购买能力等情况丝毫不了解的情况下，就自顾自地推荐商品，又怎么能打动顾客，激发顾客的购买欲呢？

顾客进店大多是因为有需求，有时候对想要买什么价位的商品，或者什么款式的衣服还没有最终决定，他们需要先看一看，逛一逛。这时如果碰到有经验的销售人员，会通过和顾客交流，认真倾听顾客的话语，了解顾客的兴趣、对价格的期待等，给顾客提出有效的建议。而只有在和顾客的交流中，认真倾听顾客的谈话，从中捕捉到一些有用的信息，才能在接下来的交流和商品介绍中打动顾客，引发顾客的购买行为。

在商业经营中，很多销售人员错误地认为，一个成功的销售人员主要靠的是一张巧嘴，事实并不是这样。研究显示，在商品销售中，决定交易成功的第一步不是语言技巧的运用，而是倾听。为什么呢？

让说服更加有效。销售人员和顾客之间是卖与买的关系，顾客买什么，能不能最终购买，很大因素取决于销售人员的说服，顾客被说服了，交易就成功了，反之交易就失败了。而说服他人的最好办法就是先听他讲了什么，并根据所听到的信息给予相应的应对。因此，销售人员想要说服顾客，一定要认真倾听顾客的心声，倾听他的弦外之音，这样才能做出正确的反应。

虽然在人际沟通中，“能说会道”的人更利于表达自己的观点，但前提是，你的观点能否被对方认同和接受。沟通是信息的交流过程，在沟通过程中，一方通过聆听另一方的话语，获悉对方想要表达的意思和观点，然后给出反馈。如果一方没有认真倾听另一方的谈话，或者打断对方的表达，或者根本不给对方表达的机会，就无法了解对方的心声，也就无法进行准确的反馈，达不到沟通的目的。对于销售人员来说，不认真倾听顾客所说的话，就不会清楚顾客的想法和需求，这样又有什么可以说服顾客购买商品的理由呢?

关于倾听的重要性，心理学家卡尔·罗杰曾表示，如果专心倾听顾客的倾诉，从中了解到整个事件对顾客的意义和影响，他就会帮助顾客释放出其内部变化的强大潜力。

销售心理学也指出，在销售过程中，20%靠话术，剩下的80%靠的全是倾听。犹太商人是非常了不起的经营者，他们的成功离不开对倾听的重视。在他们看来，一个不懂得倾听的销售人员是无法成为合格的销售者的。

犹太商人坎贝斯是一位珠宝商，他曾跟人说起过一件事。在他早年开店时，有一次店里来了一位女顾客，看得出她对珠宝很喜爱，但又不是很在行。不过这位顾客非常健谈，对于自己的喜好、生活经历等都在和坎贝斯交流时和盘托出。她和坎贝斯的交流，绝大多数都是她在说话，坎贝斯根本没有太多机会与之攀谈，只好乐得做一个倾听者。也正是在倾听的过程中，他对这位女顾客的个性特点、兴趣爱好以及经济能力有了一定了解，使他在之后的推销过程中，针对女顾客的这些信息做出了正确反馈，打动了顾客，最终顾客在他的店里购买了价值不菲的珠宝。这位顾客后来也经常光顾他的店。自从那次之后，坎贝斯对每位到店的顾客，都认真倾听他们的谈话，然后根据顾客透露的信息，做出有效的购买说服。就这样，他的顾客越来越多，他的珠宝店的生意越做越好。

被尊重。在销售过程中，销售人员认真聆听顾客提出问题时，会让顾客感受到被关注、被尊重，所以顾客会在不知不觉中敞开心扉，这对拉近销售人员和顾客的关系非常有利。如果在这个过程中，销售人员时不时地做出一些反馈，比如对顾客的观点和想法表示赞同，对顾客的迷茫表示理解，等等，都会增进顾客对销售人员的好感。一个人对另一个人有好感，也就愿意相信他说的话。所以，当顾客对销售人员产生好感后，就很容易相信他，并接受他的建议。不过，聆听也是有技巧的。

那么怎么聆听能拉近和顾客的关系，使他信任你并愿意接受你提出的建议呢？

聆听顾客说话的目的是为了正确应对顾客，所以，在聆听的过程中，要确认你确实理解了顾客的意思，顾客的确感受到了你在认真听他讲话。因此，在聆听顾客说话时要做到这样几点。

集中精力聆听顾客讲话。在介绍商品后，顾客大多会提出一些问题和想法，这时销售人员要耐心聆听顾客的话。即便顾客在表达上思路不清晰，或者由于口音和语速的关系，听起来有些费劲，也不能显出不耐烦的样子，不要开小差，不然会漏掉重要信息，无法挖掘到顾客的真实需求。

利用好肢体语言。顾客讲话时，要注意与他互动，不能像一个木头人一样，面无表情地杵在那里，一点反应都没有，那样做的话，会让顾客觉得你根本没把他的话放在心里。遇到神经大条的顾客可能会不理会，想说什么会继续说；如果顾客是心思细腻的人，在这种情况下他就会立即停止谈话，你就不能从顾客那里获得更多的信息，也就意味着你可能无法弄清楚顾客的真正需求。良好的互动是顺畅交流的前提，销售人员与顾客的互动，是鼓励顾客表达想法的催化剂。互动不一定非要通过话语，也可以通过肢体语言，通过微表情达成目的。心理学研究认为，人们可以通过他人的肢体语言感受到对方的真实想法和情绪。所以，聆听顾客讲话时，可以充分利用肢体语言传达你的反应。比如，可以通过点头、张大嘴巴以及手势、眼神等这些肢体动作，和顾客进行互动，保持谈话气氛的轻松，便于顾客说出真实的想法。

适当提出问题。在聆听顾客讲话的过程中，除了利用好肢体语言和顾客互动，也可以适当发问，这样做的好处是，一方面显示你在认真听他讲话，让他感受到你对他的在意；另一方面，有利于顾客说出更多心里的想法，而你只有知道了顾客的想法，掌握了他的心理，才能清楚他的需求。

注意情绪。有些顾客说话啰唆，或者表达时思路不清晰；有时候，有的顾客说的话不太中听。这时，不要让你的微表情暴露你的情绪，也就是说，不要让顾客看出你的不耐烦，要尽量让他感觉谈话的氛围是轻松的，是可以畅所欲言地表达自己的想法的。听顾客讲话时，抛开成见，克制情绪，让顾客完整地表达出内心真实的想法，是一个销售人员尊重顾客的体现，也是其赢得顾客信任的基础。

记住重点。聆听顾客讲话的前提是为了促进销售，当顾客畅所欲言地表达想法和观点时，要记住顾客表达的重点。由于个性使然，有些顾客不太善于表达，或者说话比较含蓄，这时要格外专注，通过聆听分析他的弦外之音，洞悉他真正想要表达的意思。

判断顾客需求，需要销售人员在聆听的过程中，通过顾客的话语捕捉有效的信息。关键信息的捕捉，需要聆听者认真和专注，更需要鼓励顾客多多表达。所以，销售人员要懂得聆听的智慧，能从顾客的讲话中获悉关键信息，从而在顾客的购买活动中，为其提出有效的建议，说服、打动顾客，最终促成交易。

21

想知道顾客的需求，如何询问有技巧

——询问：学会询问才能得到满意的答案

在店铺销售中，想让顾客购买商品，销售人员要面对很多问题。因为顾客进店不代表一定会在店里消费，但凡顾客走进某家店铺都是有需求的，但是现在商店林立，商家竞争激烈，顾客的可选择面非常广，至于顾客能否在店里消费，大部分取决于销售人员的交流技巧。

毋庸置疑，在店铺经营中，没有销售人员和顾客的有效沟通，就无法了解顾客的需求，无法了解顾客内心的真实想法是什么，这些问题不解决，交易就很难完成。可是，销售人员怎么做才能激发顾客的交流欲望呢？当顾客进店后，销售人员要了解顾客的需求，要让顾客说话，而顾客能说多少，是否愿意表达内心的真实想法，在于他对销售人员的印象，印象好的话就会多说一些，印象不好的话就会说得很少。所以，让顾客开口说话，需要销售人员的引导和他在短时间内留给顾客的印象。然而，很多销售人员并不了解顾客的这种心理，他们在和顾客交流时，也不善于利用巧妙的发问，来营造良好的沟通氛围和引导顾客说出更多有用的信息。所以常常会出现这种情况，一句简单发问后，不管顾客有没有说出真正的需求和想法，销售人员就开始滔滔不绝地给顾客介绍商品。对此，有的顾客采取沉默的态度，有的顾客会一直提问。如果出现这类情况，就说明营业员的讲解并没有达到预期效果。原因是他只说不问，而他说的可能根本不是顾客想要的、想听的，对顾客的需求他并没有问出所以然来。

顾客购买商品时，需要对这类商品有一个细致的了解，这时候自然想要听到营业员较为专业的解答和建议，而营业员只有通过选择性地询问，才能引导顾客说出自己的想法。这个过程就像患者去医院看病，医生想要对症治疗，需要清楚患者的身体状况是怎样的，然后进行诊断。如果医生根本不了解患者的情况，或者一知半解，又怎能对患者的病因做出准确判断？所以，医生要对患者进行选择性地提问。

另外，还有一种情况，那就是顾客最初可能只想买某件商品，但是在和营业员交流后，又买了另一件商品，而这件商品也符合他的消费需求。比如，一个女顾客走进服装店，她最初只想买条牛仔裤，买了牛仔裤后，她又瞄了几眼旁边挂着的裙子，她的这一举动被销售人员发现，于是过去跟她说：“咱们家的裙子都是棉麻料，卖得还不错，过来看的都是像你这样文艺范十足的女孩子，要不你也试试？很显气质的。”女孩有些犹豫，销售人员又说：“试试吧，难得碰上这么适合的。”女孩想了想，然后说：“要不拿下来我试试？”就这样，女孩试穿了一下，感觉效果确实不错，就买下了这条裙子。显然，在这个消费活动的过程中，销售人员及时地询问和推荐，促成了裙子的交易。

在销售活动中，提问是必不可少的环节，只有提问才能清楚顾客的具体要求。

丹妮走进一家商场，在手机专柜停了下来。这时一位男销售人员热情地和她打招呼：“您是要买手机吗？”丹妮点了点头。销售人员见丹妮的气质不俗，衣着讲究，于是伸手拿了一款手机递到丹妮面前，开始了自顾自地介绍。手机的确不错，配置高、功能全、外观线条流畅。但销售人员终于把想说的话全部说完后，丹妮问手机多少钱。销售人员说：“5300元。”丹妮看了看手机转身走开。后来，丹妮在另一个手机专柜前又停了下来，这时，一位女性销售人员过来和丹妮打招呼：“您看手机啊？”

丹妮“嗯”了声。

女销售人员又问：“请问您是给自己选还是给家人选呢？”

丹妮说：“我想给我外婆买部手机，她一个人住在郊外，需要经常联系。”

“这样啊，那您看看这款怎样？我觉得它屏幕大，音量大，操作简单，挺适合老人家的。”

丹妮看了看觉得还不错，于是问多少钱，女销售人员说：“760元。”丹妮觉得价格可以，就买了这款手机。

在这个案例中，第一个销售人员在提问环节上，显然不如第二个，他在没有弄清楚顾客的真正需求后就急于推销，所以顾客最终从他的柜台离开。第二个销售人员明显有经验得多，她在问明白顾客的真正意图后，有针对性地给出建议，所以，顾客在她这里买了手机。

店铺销售，了解顾客的需求是准确推销的前提，只有向顾客询问才能得到答案。但是，在向顾客提问时，一定要注意技巧，因为不同的提问方式，取得的效果会有很大差异。

那么，一个销售人员应该掌握哪些提问技巧呢？

委婉的语气。顾客进店后，不要简单粗暴地问一句“你要买什么”？有时候顾客虽然走进店内，可能并没想好要买什么，但是逛着逛着就对某商品产生了兴趣并有了购买的欲望，所以，可以先礼貌地跟顾客打招呼，然后看顾客的反应后，再委婉地进行询问。比如，可以说：“您需要什么帮助？”这样的语气非常具有亲和力，让顾客能感受到来自销售人员的尊重。这样的开始，会对后面的交流有一个好的铺垫。

表述的方法。同样一个问题，如果运用不同的提问方法，产生的效果就会不尽相同。有这样一个小故事，可以很好地诠释这个问题。一天，调皮的小男孩明明看书累了，就笑眯眯地问姐姐：“我在看书的时候可以玩游戏吗？”姐姐马上摇头说：“当然不可以！”过了一会儿，明明又跑过来问姐姐：“姐姐，那你说我在玩游戏的时候可以看书吗？”姐姐想都没想，便点了点头说：“可以。”从这个小故事中，我们可以得到一些启发，那就是同样的问题，在提问时运用不一样的语言表述，得到的结果可能完全不同。因此，在向顾客提出问题时，要巧妙运用表述方法，以达到预期效果。

由一般性问题问起。一般情况下，有经验的销售人员在向顾客询问时，会先从一般事情问起，然后再逐渐深入，这样询问对了解顾客的需求会更容易，也能通过这样的交流，让顾客感受到销售人员的专业和贴心。

具体需求的提问先不急。在询问顾客具体需求前，先要了解顾客的需求层次，这样才能把握提问的大方向，即在这个大的框架内提出具体问题，通过顾客的回馈了解对方的具体需求。如果不了解顾客的需求层次，就为顾客做推荐，很容易出现误差，白白浪费沟通的时间。沟通就像打仗，也是讲究实效的，错过了机会就可能失败。

另外，在提问时要注意方式，好的方式才能事半功倍。开店高手在了解顾客的需求时，大多会采取以下几种提问方式。

请教式提问。在还没有了解顾客的需求时，可以采取这种提问方式，即先虚设一问。比如，服装店里来了一位女顾客，她进门后并没有跟销售人员说自己想买什么，只是在各类服装前走走停停，这时导购并不能从她的行为中判断出她的需求，不知道这位顾客是想买衬衫、裤子还是裙子，在这种情况下，就可以采用投石问路的方式和顾客交流，以打破僵持的局面，如可以这样问：“这条裙子看起来挺适合您的，要不要试一试？”如果顾客没打算买裙子，她就会说：“谢谢！我不想买裙子。”然后导购就可以顺势接着问：“哦，这样啊，那您是想买裤子吗？”于是就有了沟通的话题。

启发式提问。启发式提问是一种循循善诱式的提问，比如，顾客想买一件毛衣，销售人员又没判断出她的需求层次，这时可以接着问：“您是要普通的还是要纯羊毛的？”这样就可以引出顾客的回答，导购就能了解到她的具体需求。

了解顾客需求，是精准推荐的前提，这一环节对销售来说至关重要，而如何通过有效的方式，让顾客说出自己的需求，有一个需要学习的过程。向顾客询问，引出话题，让顾客给出答案，就是一个有效的沟通过程。哈佛大学心理学家丹尼尔指出，在沟通中巧妙提出问题，可以将交流带入顺畅之境。在销售过程中，一个有经验的销售人员总能通过对顾客有策略地提问，获知顾客的购买需求，然后再有针对性地向顾客推荐商品。

22

弦外之音信息多

——会听：顾客的弦外之音你得懂

很多时候，销售人员向顾客介绍了半天的商品，等来的可能是这样一句话：“我过两天再来。”“我先去别家看看，有了合适的我再过来。”听到这样的话，一般情况下，销售人员大体可以断定今天这场买卖是没戏了，心里难免失望。情商高点的销售人员可能还会礼貌地打个圆场，情商低的销售人员大概会立刻沉下脸来，显现出再也不想搭理这个顾客的样子。但是，遇到同样的情况，开店高手可不会轻言放弃，他们会从顾客的话语中，听出不一样的意思。

开店高手之所以不像一般销售人员那样做出判断，是因为他们善于聆听顾客的弦外之音，即他们明白顾客的这句话里可能包含其他意思。事实上也是如此，很多时候顾客购买商品时，出于各种原因，不会跟销售人员实话实说，而经常是话里有话。如果销售人员经验丰富的话，就能从顾客的话语中判断出他的真实想法，然后和顾客再做进一步交流，争取机会，达到交易成功的目的。所以，想要开店赚钱，一定要学会聆听顾客的弦外之音。

“弦外之音”很好理解，就是话语中隐藏的话语。在生活中，人们经常运用这种说话的技巧，以映射、调侃、讽刺、鼓励他人。

在人际沟通中，人们往往为了顾及他人面子，或其他不便言说的原因，常常以委婉的方式表达自己想说的话。

三国时期，曹操非常宠爱曹植，曾一度想废曹丕改立曹植为太子，思考了一段时间后，他把自己的想法说给了贾诩，想听听这位臣子的意见。可是贾诩不这样认为，他觉得曹丕是一个非常有雄才大略的人，而曹植虽然才华横溢，却太善良，不适合做皇帝。但对于曹操的这个问题，贾诩觉得不好直言，于是他就闷在那里一言不发。

曹操等了一会见贾诩不说话，就好奇地问他：“爱卿为什么不说话？”

贾诩连忙摆手说：“皇上您请稍等，我这会儿正在想一件事。”

曹操问：“爱卿在想什么事？”

贾诩郑重其事地说：“臣子正在想当年的袁绍和刘表二人因为废长立幼之事，所招致的祸患。”

曹操是个极聪明之人，听了贾诩的话后立即明白了他话语里所隐藏的意思。于是，哈哈大笑起来，心中却暗想自己好不糊涂。从此，曹操再也没有跟任何人提起废曹丕立曹植为太子的事。中国历史上关于弦外之音的故事很多，之所以这样，跟中国文化有很大关系——中国人一直讲究含蓄，不论做人还是做事。所以关于古代的中国人在人际交往中，委婉表达内心想法的名人故事才会有很多。

南朝齐高帝是一个书法爱好者，闲来没事的时候就以挥毫泼墨为乐，而且经常请当时的书法大家王僧虔来和他一起研习书法。一天，齐高帝突然问王僧虔：“爱卿觉得咱俩的字谁的更好些？”皇帝的问题把王僧虔难住了，以致他不知道该怎么回答。对皇帝说，自己的字不如皇帝不符合事实；说皇帝的字没有自己的好，会让皇帝没面子，有可能惹恼皇帝。于是，他沉思片刻后，说：“若论字的话，您是君王里写得最好的；

在臣子中，我是写得最好的。”齐高帝听了王僧虔的话后，立即明白了他的意思，于是哈哈一笑，这事就这样过去了。

生活中，人们之所以喜欢委婉表达的方式，正是因为这种表达可以保全大家的面子，给彼此一个台阶下，不至于使事情发展到尴尬的地步。顾客在商店购买商品时，销售人员辛苦地在旁边介绍，如果一口回绝的话，顾客会觉得有点不好意思，同时也不希望因为拒绝而遭遇其冷漠对待，所以，常常会采用委婉的方式，拒绝销售人员的“盛情”。但也不都是如此，还有些时候，顾客觉得价格高，想把价格讲到令自己满意，又羞于被销售人员认为过分地砍价，于是，用“过两天再来看看”这样的话，故意制造一种“这个价格不卖，我去别家买”的印象，“逼迫”营业员主动将价格下降一些。总之，像“过几天再过来”这样的话，里面表达的意思往往不是表面那样简单，但还是有一些人因为各种原因，捕捉不到对方话语中真正的意思。在店铺经营中，如果销售人员不懂得聆听顾客的弦外之音的话，销售业绩就会受到影响。因此，店主或营业员要学会聆听顾客的弦外之音，不要一听到顾客说“过几天再来”这样的话，就断定已经没有任何交易的机会了。遇到这种情况时，要学会分析顾客话语背后的意思，毕竟顾客没有把话说死，他之所以这样说可能是出于这样几种原因。

真的有事。比如顾客和销售人员在交流时，可能接到一个电话，有事情需要他尽快回去解决，或者由于上班、接孩子等时间关系不允许他耽搁太久，无法和销售人员进行深一步的交流，所以只能另选日子再过来。这种情况顾客一般会和销售人员解释的，而且真的对某件商品有需求的话，往往会与销售人员定个大概日期。这时候，销售人员可以判定顾客确实是因为有事才要离开的。

价格谈不拢的情况。有意购买某件商品，但是价格谈不拢，这时候顾客会以过几天再来这样的说辞，给销售人员“施加压力”，让销售人员以为再不降低点价格，顾客就不买了。当然，也确实会有这种情况，顾客说过几天再来，并没有撒谎，他从这里离开后，会去别的商店看同类商品，假如另外一家的价格能讲下来，他就会在别家买；如果在别人家买不到，他可能真的会再来这个店。

还在犹豫。就是顾客三心二意，拿不定主意到底买不买，想再考虑考虑，又不想被营业员纠缠，这种情况下也会说“过几天再看吧”。

碍于面子不好拒绝。这种情况往往是因为顾客选了半天，没少麻烦销售人员，可是最终也没选到中意的，就决定不买了。这种现象在服装店极为常见，顾客要选衣服，销售人员帮他忙上忙下地取了好几件，结果顾客试了又试也没看中。可是又麻烦了销售人员半天，心里很过意不去，不好意思直接拒绝走人，就会说：“今天没有特别喜欢的，过几天我再来看看。”另外，为了减少一点内疚感，顾客会对销售人员表示歉意，还会说：“不好意思，让您受累了半天。”“您的性格真好，让人感觉很舒服，以后我会常来的。”

在店铺中，这种事司空见惯，但是一个优秀的销售人员听了顾客的这些话之后，一定不会顺着顾客的话说：“那好吧，您慢走。”他们会根据顾客说话时的表情，判断顾客话里的弦外之音，然后根据自己的判断做出应对，尽量对顾客予以挽留。

在店铺经营中，一般情况下，顾客不会对销售人员全抛一片心，这是因为顾客对卖家的戒备心理决定的，买的人希望买到物美价廉的商品，卖的人希望获得更大的利润，不管销售人员的服务态度多好，一个最不能否定的问题就是，服务的前提是卖货。顾客很清楚这点，所以会保留自己的真实想法，甚至采用某种策略与销售人员进行“博弈”。销售人员一定要清楚顾客的这种心理，在销售过程中，尽量做到不忽视任何细节，哪怕是顾客已经决定“要走了”，也要从顾客的这种话语中听出它背后可能隐藏的其他意思，从而做出正确的应对。

每个开店高手都是情商很高的人。大家都知道，情商高的人不但察言观色很在行，还能从他人的话语中捕捉到更多的信息。所以，一个开店高手，或是一个优秀的销售人员都具备这种能力，只有这样才能不被顾客牵着鼻子走，而是变被动为主动，将主动权掌握在自己手里。一个开店新手，想要卖出更多商品，一定要学会察言观色，学会聆听顾客话语中的弦外之音，从而把握住更多交易的机会。

23

留意微表情，那里有你想要的东西

——洞察：店铺经营中不可忽视的顾客微表情

同样开店为什么有人经营得好，有人经营得不好呢？当然原因不止一个，但是不得不承认，很多店主或是销售人员确实不善于观察顾客的一举一动，让很多机会白白浪费掉了。其实，一个优秀的销售人员，并不是单靠一张能说会道的嘴就可以让顾客买单的，更重要的是他们善于观察，哪怕是顾客的一个微小的表情，也能被他们捕捉到，并快速分析出隐藏在顾客微表情背后的信息。

顾客进店购买商品时，为了争取以最低的价格买到最心仪的商品，常常会故意隐瞒自己的真实需求，所以，想从顾客嘴里套出真实的想法有时真的没那么容易。顾客的真实需求，单从表面上看往往也不容易判断出来，如果销售人员在和顾客交流中，能从顾客细微的表情变化上捕捉到顾客的真实想法，将会对顾客的购买行为产生一定的影响。

心理学研究认为，在人际沟通中，人们会通过面部的一些细微的表情，向外界传达某种信息，或者暴露出内心的感受和情绪。这种表情持续的时间非常短，只有1/25秒，即它会在一个人的脸上一闪而逝。微表情经常被人们有意地运用来传达某种情绪或情感，也时常是一种下意识的面部举动，心理学将其称为身体语言符号。

人的面部表情非常丰富和活跃，因为变化明显，很容易被人察觉。但是，研究发现，人的微表情通过训练会不易被察觉。美国情报机构在审问犯罪分子时，经常使用微表情心理学来判断犯罪分子所讲的话是真是假。

一个警察审问一名嫌疑人，嫌疑人是一名涉嫌拐卖儿童的罪犯。他很狡猾，在警察审问期间要么沉默不语，要么装无辜，但最后警察还是凭借着多年和罪犯打交道的经验，利用微表情判断出这名嫌疑人一直在撒谎。因为，每当警察问到关键点时，这个嫌疑人的眼神就往右飘。犯罪心理学研究认为，人在撒谎的时候，为了编织谎言，会利用大脑组织语言。人的左脑负责语言系统，同时还操控右半身的肢体活动。所以，当犯罪嫌疑人在编织谎言的时候，眼睛会不由自主地看向右上方。如果他老老实实地交代自己的行踪时，负责思维的右脑会参与工作，而左半身是由右脑控制的，所以他的眼神应该是看向左上方的。基于此，警察认定他在撒谎。

犯罪心理学之所以对人的微表情进行大量研究，主要是因为无意识的微表情是不受大脑控制的，能真实地反映出人的内心，这对于审问那些犯了罪又不想认罪的嫌疑犯来说，是一个很好的突破口。在生活中，人们也可以利用微表情来发现对方真实的内心活动，只要对他一闪而过的神情稍加留神，就可以捕捉到其中传达的信息和情绪。比如，当一个人突然说了一句很突兀的话，另一个人一定会做出相应的反应，眼睛突然看向对方。那么同样的道理，在店铺经营中，一个有经验的店主或营业员，也会凭着长期对顾客的肢体语言和微表情的观察，判断顾客的真实需求。

顾客进店后，营业员在和顾客交流时，未必能快速了解顾客的真实想法和需求，如果能从顾客的微表情中，洞察到顾客的心理变化和情绪的起伏，就可以断定顾客的真正需求，然后帮助顾客解决问题。为了更好地判断顾客的需求，可以从顾客的以下微表情中来发现其中的秘密。

浅笑。在和顾客交流时，如果顾客流露出的是一种浅笑的神态，销售人员可以放心地继续向顾客介绍商品，因为这种神态意味着顾客对销售人员介绍的商品是认可的，而且对销售人员的印象也不错。如果发现顾客的笑容在一瞬间消失了，销售人员就要多注意了，这表明你们之间的沟通出现了一些问题，可能是你的哪句话引起了顾客的反感。

面带苦笑。这种情况可能不止一个原因。一方面，这个表情一般是在说到价格的时候容易出现，或者在顾客对商品还没有真正了解的时候，销售人员就开始谈成交的时候出现。这时，开店高手会意识到自己可能太急于成交了，给顾客造成了一定的心理压力。所以，这种情况下，销售人员要缓一缓，要有些耐心，以免顾客太为难，产生逆反心理，放弃购买。另一方面，顾客面带苦笑的时候，也有可能是对销售人员推荐的商品不太喜欢，所以，这时销售人员要停下对商品的推荐和介绍。毕竟，顾客不喜欢的话，说服他购买的可能性是很小的。而且继续没完没了地介绍，会让顾客产生厌烦情绪。此时，要及时纠正自己的思路，换一个商品再进行介绍和推荐。

撇嘴。如果顾客出现了撇嘴的表情，销售人员就要反省一下自己了，可能你介绍的商品顾客根本不想买，或者他对商品的某个方面产生了质疑。这时候，销售人员要停下来推荐，主动询问顾客，让他说出对商品的看法，然后再根据顾客的反馈，决定是否继续向他推荐和介绍商品。

关注眼睛。如果你在介绍商品时，顾客很专注，眼睛一直盯着你看，就说明顾客在认真听你讲解，对你推荐的商品可能感兴趣，这时候他的瞳孔是放大的趋势。如果你介绍商品时，顾客的眼神是游移的，或者很没神的话，则说明他对你的话没放在心上。这时你就不要再说了，说了也毫无意义。

眉毛。心理学研究认为，眉毛在反映一个人的内在情绪时，是比较明显的，所以，在和顾客交流时，要留神顾客的眉毛变化。如果顾客的眉毛时不时地上扬一下，就说明他对销售人员的话是感兴趣和认可的，这时，销售人员可以继续讲下去。相反，顾客的眉毛向下时，则表明他对销售人员的话是不认可的，虽然他还会在销售人员讲解的时候偶尔点下头，那也只是出于一种礼貌而已。事实上，他已经不打算买了，除非你能拿出令他满意的商品。

皱眉。当销售人员在推荐商品时，如果顾客时不时地皱眉，一方面表明他可能对你说的话半信半疑，甚至完全不信；

另一方面表明他对你说的话没太听懂。这时先不要急着说下去，而是用巧妙的方式向顾客发出询问，通过顾客的反馈来对他的疑问给以解答，及时打消他的疑虑。如果没有听懂销售人员的话，销售人员可以重新复述一遍，直到顾客听明白为止，复述的时候语速要慢一些，争取顾客一遍听清楚。

手部动作。有时候，销售人员在与顾客交流时，顾客会把双手抱在胸前。心理学研究认为，当一个人与他人交流时，出现双手交叉抱在胸前的行为时，表明这个人内心有着强烈的保护自己的意识，他对对方是心存戒备的。所以，在销售活动中，如果顾客在和销售人员交流时出现了这一动作，就说明他不相信销售人员的话，所以对销售人员表现出这种抗拒的举动。这时候，销售人员就不要试图继续进行商品推荐了，因为说服他购买商品的可能性是几乎没有的。除非销售人员能凭借别的销售技巧，打消他的顾虑，才能完成交易。

销售人员读懂顾客的微表情会使销售变得更顺利，也会通过这一能力让自己的工作减少时间耗费，当销售人员读懂了微表情背后的含义时，可以调整思路，及时停下不该说的话，以便找到更好的路径了解顾客的真实想法，从而采取合适的应对策略，促成顾客的购买行为。当然，读懂微表情的前提，是善于捕捉顾客的微表情，并能认真领会微表情背后的含义。开店高手都能在短时间内读懂顾客的微表情，他们的成功正是源于对顾客心理的了解。而开店本来就是与人打交道的，对人的心理掌握得越清楚，卖出的货物也就会越多。

24

语音和声调会帮你认识顾客的类型

——声音：可以从顾客的音调和音色了解他的性格类型

《孙子兵法》云："知彼知己，百战不殆。"众所周知，在销售过程中，销售人员对顾客的了解越多，销售成功的概率就越大。所以，一个有经验的开店高手，从顾客进门的那一刻起，就会调动起视听的所有注意力，对顾客的言行举止进行全方位的观察，以便在接下来推销商品的环节，一方面让顾客享受到舒适的购物体验，一方面可以凭借对顾客真实需求的判断，精准地为顾客推荐商品。

顾客对销售人员有天然的戒备心，希望少花钱又能买到好东西，所以为了不被销售人员牵着鼻子走，会故意隐瞒自己的真实想法和需求。在这种情况下，销售人员想掌握主动权的话，就需要从顾客的一举一动、一言一行中，判断其性格特征和真实需求。天下没有相同的两片叶子，人更是如此，无论相貌形体，还是说话的语气和声音，都各有特点，并能体现他的性格特征。

人们常说“听其声而知其人”，也就是说，人们可以通过一个人的声音判断出他的性格和人品。在销售过程中，销售人员在对顾客进行观察时，如果没有在对方的动作表情和言语中发现更多的有效信息，还可以从音调去揣摩，来帮助自己对顾客的性格特征做出有效判断。其实，听声辨人这种能力，在中国古代就已经成为识人的一个手段。

春秋时期，郑国有一个叫子产的人，担任过郑国的宰相，这个人就以辨人能力强闻名。子产是一个政治家，也许出于政治家的敏锐特性，子产的洞察能力和分析能力都非常强。据说，有一天，子产正在街上巡视，当他走到一户正在办理丧事的人家门前时，里面传出一个女人的哭声，子产停下脚步侧耳听了片刻后，吩咐身边的两个捕快，让他们到这家把那女人拿下，送回衙门。后来，经过调查和审讯，查出那个女人杀夫的犯罪事实。由于自己亲手杀死了丈夫，怕事情败露，女人在丧礼上放声大哭，以蒙蔽他人的眼睛，结果不巧，碰到了善于听声辨人的子产。当人们问起子产是怎么知道女人就是杀人凶手时，他说：“通常情况下，亲人遭遇不测时，人们会万分伤心，所以那种哭声不同于一般的哭声。可是这个女人不仅失去了可依靠的丈夫，丈夫又是凶死，一个正常的人肯定会发出凄厉哀号之声，但是我在这个女人的声音里完全没有听出这种东西，所以断定她肯定有问题。”

在这个故事中，子产是通过女人的哭声中暴露的情绪发觉这一不为人知的秘密的。关于说话的语气和声调，还有很多情感专家认为，当一个女人和另外一个人的意见不同时，通常会通过提高说话声调的方式来压倒对方。另外，在心仪的男人面前，女人说话时的声调是抑扬顿挫的，这是一种有意吸引别人注意的心理体现。

研究显示，人类有超乎寻常的听力功夫，凭借这一能力可以感知和了解外界事物，人的声音和器物发出的声音相比，更容易辨别。而这种听声辨人的能力，即便是普通人也可以通过学习掌握其要领。比如，从一个人说话的语调大小和长短，可以了解他的性格、情绪等内在因素。所以，在店铺经营中，如果一个销售人员掌握了这一技巧的话，将会为他的业绩提升带来积极的影响。

那么，如何从顾客的语音和声调中判断出他的性格和情绪呢？关于这个问题，一个开店高手认为，可以通过两个途径，一个是音色，一个是声调，它们都可以让你了解到顾客的性格和情绪变化。

从音色上来说，包括下面几种情况。

声音尖锐。有些顾客的声音特别尖锐，这类顾客大都情绪变化非常明显，高不高兴就显现在脸上，他们基本属于爱憎分明型的。这类男性顾客行动力非常强，容易激动；这类女性顾客也是急脾气，一点儿小事就会大动肝火，她们的行为常常表现得比较轻率，思想易波动。所以他们的一个明显特性是，容易受外界影响，受他人的意见左右，在购物时经常凭直觉，想买就买，不多考虑。和这类顾客打交道时，要注意他们情绪上的细微变化，最好能和他们拉近关系，让对方感受到你的尊重和理解，如果能做到投其所好，再向他推荐商品时，成交率就会比其他类型的顾客更高。

声音温和。声音温和的女性属于做事严谨的类型，她们大都思想保守，善解人意，往往会为了别人而放弃自己的利益。而声音温和沉稳的男性，大都忠厚善良，但是比较固执。这一类型的人在表达观点时，虽然看上去很温和，但是和声音尖锐类型的人正相反，他们不会轻易受到外界影响，有自己的主见，并且不希望被误解。在购买商品时，他们更注重商品的品质。所以，对于这类顾客，营业员在推荐和介绍商品时，要选择性价比高的，要注意专业性，要拿出具有说服力的数据，这样更容易打动他们。

音色甜腻。这类女人给人的印象活泼可爱，她在和销售人员交流时，也会表现得比较友善，但是当她觉得达不到愿望时，就会立即变得心浮气躁。这类顾客属于吃软不吃硬的主儿，所以，和这类人打交道时，既要让她感受到被尊重和关注，也要适当地给她一些压力。

声音沙哑。这类顾客性格倔强，对问题有独特看法，而且轻易不会改变，给人的印象比较傲慢，而且有贵族情结。所以，这类顾客在购物时更注重商品的品质，看重品牌。因此，在向这类顾客推荐商品时，要尽量选择品牌商品。如果推荐的不是品牌商品，那质量上一定要有保证，否则是很难成功说服这类顾客购买的。

声音浑厚。这类顾客比较大气，注重公众形象，一般都不会与人计较，遇到这类顾客的时候可以建议他们团购，成功的概率还是很大的。

这是通过音色对顾客性格的判断和推荐建议。那通过语速和语气又该如何对顾客的性格进行判断并给予商品推荐呢?

话多语速快的顾客。这类顾客更注重自己的感受，虽然表达欲非常强，喜欢抢占风头，但是并不轻易跟人说实话。对待这类顾客，要多夸赞他们，对他们的话时不时表示认同，以使他们的戒备心理松懈下来，从而顺利地进行商品推荐。

语速慢的顾客。这类人说话办事都比较谨慎，性格比较孤僻。和这类顾客交流的时候，要尽量放慢说话的速度，与他保持在一个频道上，以保证他对你说的话能多消化一些。而且要认真听他讲话，帮他解决疑问，让他对商品有充分的了解，这样才有利于他做出购买决定。

喜欢把“我”字挂在嘴边的顾客。这类顾客特点非常明显，好辨认——一个那么注重自我的人，当然喜欢别人都围着他，自我感受当先，而且毫不在意他人的想法，说话非常直接。这类顾客喜欢抬高自己，为此不惜说一些没影的话。毋庸置疑，对这类顾客恭维的话最管用，他高兴了，商品推荐和介绍就会顺利一些，成功交易的机会也会大一些。

语气温和的顾客。这类顾客一般个人修养比较高，但这类顾客做事严谨，讲诚信，同时对他人的不良行为会很在意，所以，和这类顾客打交道时，尽量不要出错，否则会失去他的信任。

不同音色和音调的顾客，性情和行事风格有着非常大的区别，与顾客打交道的时候，要学会运用顾客说话的声音、语调以及方式判断他的性格特征，这样既可以避免踩到顾客的“雷区”，也可以根据个性推断出顾客对商品的真实需求。开店高手会利用好任何一个观察顾客的机会，包括从声音推断顾客的性格，这样他们才能更精准地向顾客推荐商品，从而激发出顾客的购买欲。

Chapter 5

利用心理弱点牢牢锁住顾客

买卖双方是一对矛盾。为了维护各自的利益，顾客和销售人员之间，在成交前必然有一番心理战。而顾客在购买商品时，只要不想被销售人员“吃得死死的”，必须隐藏自己的真实想法和需求，以争取在成交时，买到物超所值的商品。店铺营业的目的就是为了赚钱，所以，在出售商品时，为了获得更大利益必须更加详细地了解顾客的心理和需求。尤其进入催促成交阶段时，怎样才能让顾客打消疑虑，让顾客接受销售人员给出的价格，最终做出购买决定，都要用到一定的销售技巧。而运用销售技巧的前提是对顾客的心理有正确的判断，然后才能做出适当的应对。这一章就是为大家介绍开店高手是怎样针对顾客的心理制订相应的应对技巧，并促使顾客决定购买商品的。想要开店铺，并使店铺正常运转，获得一定的利润，就要学会洞悉和利用顾客的心理，以帮助自己在说服顾客的过程中，找到突破点，使顾客“乖乖就范”。

25

顾客要"面子"，你就让他有面子

——面子：顾面子是顾客的软肋

生活中，人们有一个普遍的心理弱点，那就是爱面子。

什么是面子呢？心理学认为，人们所谓的面子，就是在人际交往中希望呈现给他人的印象。爱面子就是不管发生什么事，都会想办法去维护自己的这一社交形象。

郭冬临演过一个小品叫《有事您说话》，他在里面饰演的那个角色就是一个非常爱面子的人，他的口头禅是"有事您说话"。他希望通过自己的一些行为，得到大家的认可和尊重。比如，他跟同事说自己铁路方面有熟人，于是春运期间他的同事让他帮忙买车票，在同事面前为了顾全自己的面子，他只好扛着行李去车站排队买票。当妻子为此埋怨他时，他却说正是因为自己能给同事买车票，自己现在在单位可受人尊重了。

人们都希望被他人尊重和认可，希望他人能仰慕自己，因为这会很有面子。正是因为这一现象，在销售活动中，很多销售人员为了提高销售业绩，利用顾客爱面子的这一心理弱点，会不失时机地夸赞顾客，让顾客感受到被尊重、有面子，从而使顾客跳进销售人员的“陷阱”，大大方方地掏钱结账。

王颖经营着一家服装店，她家服装店的生意做得非常好，主要原因是王颖在销售活动中，对顾客的心理把握得比较准。一天，她的店里来了一位男顾客，想买一套西装。顾客精心挑选了好一阵子，最后看上了一套，但是看到衣服标签上的价格时，他有些犹豫了。王颖看到这位顾客穿着比较讲究，判断他是一个比较要面子的人，于是在顾客准备砍价之际，对顾客说：“先生，这套西服是很有名的牌子，价格的确有点高，不过看您的着装应该是一位成功人士，在我看来，以您的身份配这套西服真的是再合适不过了。”听王颖说了这样一番话后，这位顾客想了一下，就没再继续砍价，然后笑呵呵地掏钱结账了。他一边结账一边还调侃说：“你这人说话就是让人舒服。”显然，王颖的恭维话让这位顾客很有面子，即便衣服的价格贵一些，顾客也没再多想就买下了。可见，在销售中，王颖正是巧妙地利用了顾客爱面子的这一心理弱点，促成了交易。

生活中还有一种现象是“抹不开面子”，就是当别人有求于自己时，即便不想答应，但是因为“抹不开面子”不得不做出一定的妥协和让步。也就是说，为了面子也会答应帮别人。比如，一个人的工作能力很强，同事经常占用他的业余时间，让他帮忙解决工作上遇到的问题。一段时间后，他不胜其扰，就暗示同事自己下班后还有很多事要做，后来同事就不占用他的业余时间了，但是在上班的时候会经常找他帮忙，尽管自己的工作也很忙，但由于已经拒绝了业余时间帮忙，所以就“抹不开面子”再拒绝同事，只能时不时地在工作中为同事解决问题。心理学将这种现象称为“留面子效应”，就是当人请求帮忙的时候，拒绝了别人大的要求后，觉得没帮人家心里过意不去，辜负了人家对自己的期待，而为了达到心理平衡，挽回在他人心里的好印象，就会答应帮忙做一些小的事情。

在消费过程中，有些顾客也会因为“抹不开面子”而消费。比如，在服装店，有的顾客为了买到满意的服装，让销售人员帮她拿了好多件衣服试穿，最后，尽管没有找到特别适合自己的，但是，因为自己麻烦了销售人员半天，觉得过意不去，也可能会买一件衣服。只不过，买的这件衣服可能只是一件小背心之类的东西，这纯属算是对销售人员劳动的一点补偿，也是为了维护自己在销售人员心中的好印象。

心理学上有一个实验，叫作“导致顺从的互让过程”实验，这个实验是由美国心理学家查尔迪尼等人做的。实验的过程是，研究人员找来一些大学生，把他们分成两个小组，第一组大学生被要求带一群少年去动物园玩两个小时，结果，只有1/6的大学生答应了这件事。第二组大学生先被要求去少年管教所做两年的辅导员，面对这一费时费力的工作，第二组大学生几乎没有人答应，谁都不愿意去。研究人员又提出让他们带一群少年去动物园玩两个小时，与之前研究人员让他们做的事相比，带少年去动物园玩两个小时的事，就显得非常容易了，所以，第二组同学中有一半人表示可以去。心理学研究者将这种现象叫做“留面子效应”。这一实验的结果告诉人们，可以利用这一现象来达成某种“有求于人”的目的。也就是当你需要某人帮忙时，可以先提出一个大一点的要求，这种超乎他人预期的请求基本会被拒绝，而当他人拒绝之后，你再提出真正想让对方帮忙的那个小一点的请求，这时，对方答应的可能性就会比较大。

在人际交往中，人们习惯于选择让彼此都能得以满足的行为，所以，一般情况下，拒绝了对方提出的较高请求后，出于补偿心理，会答应对方提出的较低一些的请求，以使彼此之间的关系得以良性发展。比如，在生活中，很多人有卖保险的朋友，这些人中有一部分人买保险是因为卖保险的朋友不断向他们推荐各种保险，在权衡利弊后，他们一方面会选择一些的确需要的保险买，另一方面也会因为“抹不开面子”，而选择一些价位比较低的保险买。

在商业经营中，如果能很好地利用顾客这种“抹不开面子”的心理，也能在销售活动中争取到更多的成交机会。比如，可以根据顾客的这一心理，在要价时将价格定高一些。顾客在购买商品时，对没有标明不讲价的商品一定会砍价，希望能花最少的钱买到心仪的商品。所以，开店的话，如果价格定得低，降价空间就会非常小，一方面无法达到顾客对价格的预期，另一方面价格讲不下来，会让顾客很没面子，最终放弃购买。如果价格定得高一些，让顾客有充足的砍价空间，这样面对讲下来的价格，顾客就会觉得自己砍价的能力很高，买到了物有所值的商品。再就是，经过一路杀价，到最后商家也给出了自己预期的价格，如果再不买的话，觉得与人讲了半天价，会不太好意思，所以就会掏钱结账。

事实上，在生活中我们去商场买东西时，也会经常碰到这种情况，看中了某件商品，嫌价格高，于是就会与销售人员讲价，讲了半天，销售人员给出了自己期待的价格，如果再犹豫的话，销售人员往往就会说："您看，您嫌价格高，现在我已经给您降到这个价格了，您还不买，再降的话我就赔本了，您肯定也不忍心让我一分钱也不挣，白忙活吧？"这个时候，一些"抹不开面子"的顾客就会掏钱包结账了。

爱面子是很多人的心理弱点，如果商家能够抓住顾客的这一点，在销售工作中就会拥有更多成交的机会。

26

不能不学的激发顾客冲动消费的妙招

——冲动：顾客常常会因为冲动而买单

人们常说："冲动是魔鬼。"那是因为，冲动行为是在人们没有经过慎重考虑的情况下，草率做出的一些行动，这些行动往往会带来不良后果。对于冲动行为，很多时候人们明知道不应该为之，却在某种情形下无法控制，比如冲动消费。在生活中，很多人常常在冲动心理的支配下，购买自己可能并不真正需要的东西，尽管这些人对冲动购物行为会感到后悔，但还是会经常冲动。

人们去商场买东西，一般都是有某种需求，事先制订了购买计划，这种购买行为属于计划购买。相反，顾客走进商场后，购买了一些之前没有计划购买的商品，或者没有想到要购买的商品，这就属于冲动购买。冲动购买是临时性的，是顾客突然之间做出的购买决定。这个决定是有瞬间的心理冲突的，是一种暂时失控行为，在那一刻消费者完全忽略了购买后果，不再多想，迅速购买。这种购物行为是在强烈的情感支配下发生的。

相关研究显示，在顾客购买行为中，有相当大一部分是冲动购买，而影响冲动购买的原因大致包括消费者个性特征、购买情景、销售人员的推荐等。冲动购买对于顾客来说不是一个值得提倡的行为，但是对销售人员来说，顾客的冲动购买会对销售带来好的影响。所以，很多商家常常打出打折、促销等手段来激发顾客的购买欲，使顾客在打折、买一送一等诱惑下，冲动消费。一个有经验的销售人员，一个开店高手，往往会利用顾客冲动的消费心理，去积极引导和刺激顾客冲动消费。

消费心理学认为，在消费活动中，顾客很多时候是感性消费，也就是受情绪的影响而消费。如果销售人员对可以导致顾客冲动消费的诸多主观因素进行恰当利用的话，便能够引导顾客冲动消费。大量事实证明，消费者的冲动购买，与一个销售人员的推销能力有很大关系。也就是说，在为顾客介绍商品时，销售人员对商品的讲解越具有专业性，讲得越明白，可信度越大，在这种情况下，他们对顾客的推销就容易被接受，从而激发消费者的冲动购买。

另外，销售人员还要清楚一点，那就是在推销活动中，要刺激顾客的情感因子，因为一旦调动起顾客强烈的情感，就会激发他的冲动购买行为。大家都有这样一种体验，在看到一件商品时，它让你联想起自己生命中的故事，想起了某人，这时就会产生冲动购买。比如，你去商店可能只想买一只保温杯，但是在商店里逛着逛着，发现一个漂亮的洋娃娃，于是你想到自己的小侄女喜欢洋娃娃，就临时决定买一个。针对顾客冲动购买的这些特性，销售人员在与顾客的交流中，要给顾客一些情感因素的提醒，以提高顾客的购买欲望。

那么，怎样才能让顾客掏钱购物呢？

想要提高店铺的销售业绩，不能不对人性有所了解，要懂得顾客的消费心理。很多时候，顾客的消费都出于情感上的冲动，而不是经过缜密分析所得的结论，在这一点上女性顾客尤为明显，她们购买商品时，有时候就是由心情决定的，一个念头上来，或者一种情绪上来，就立刻决定买，可谓头脑一热，交易就成功了。所以，一个销售人员如果能巧妙地激发顾客的情绪，就可以达到让顾客冲动购买的目的。比如，可以采取下面两种方式，来刺激顾客情绪，促成销售。

欲擒故纵法。刺激顾客的情绪，并不适合任何人，在巧施各种策略前，要判断出顾客的类型，不然可能会弄巧成拙。欲擒故纵法适合的对象是自以为是的顾客，这类人总认为只有自己是对的，听不进去别人的话。有时候他们对事物的认识确实很少，但就是认为自己比别人懂，把自己当天才，在他人面前表现出一副盛气凌人的架势。这类人因为总是认为别人不如自己，所以总想操纵他人的行为。而且，你越是让着他们，他们就越得寸进尺。其实，这类人的心理是非常脆弱的，他们很容易情绪化。所以，对付这类人的最好办法就是忽视他们的存在。如果遇到这种顾客时，销售人员就可以妙用欲擒故纵法来刺激他们的情绪。也就是，在和这类顾客交流时，要表现出一副毫不在意、漫不经心的态度，给他们一种我们的商品不愁卖的感觉，从而调动起他们的情绪，激发出他们的购买欲。

激将法。就是通过交流刺激他人的自尊心，使其产生逆反心理，激发起不服输的情绪，从而使其潜能发挥出来。在销售活动中，有时候劝顾客不如利用激将法，来刺激他们的情绪，使他们冲动购买。这种方法的运用也要看准顾客的类型特征，它比较适用于容易感情用事又没有太多杀价经验的顾客。在遇到这类顾客时，销售人员可以用恰当的语言，达到既不太伤害他的自尊，又能引起他的逆反情绪的效果，并在这种情绪的支配下完成交易。

在一个商场的首饰专柜前，一位中年女性看好了一条项链，但她觉得价格有点高，所以犹豫到底买还是不买。看到这种情形，销售人员不慌不忙地说：“要不给您先生打个电话，征求一下他的意见，然后再决定？”这个女性顾客听销售人员这样说，马上回了句：“不用问他，这种事我还是可以做决定的。”于是，她没再犹豫，结了账。在这个案例中，如果销售人员正面说服顾客的话，不仅会花费不少口舌，可能到最后也未必能成功。相反，销售人员的激将法，刺激了那位女性顾客的自尊，使她觉得销售人员认为她连买一条项链都没有做主的权利，好像自己在家庭中处于劣势。她的这种情绪其实正是陷入了销售人员给她设的陷阱。销售人员之所以那样说，就是有意刺激她的自尊心，激发她的逆反情绪，从而使她冲动购物。显然，销售人员的目的达到了。激将法运用于销售时，的确对交易的成功有很大的推动作用，但是在利用这一方法时，要注意它适用的顾客类型。

性格内向的人慎用。性格内向的人往往做事谨慎，且自卑感较强，对于刺激自尊心的话语非常敏感，销售人员在使用刺激性语言时，一旦稍有差池，就会引起这类顾客的不满，他们会认为销售人员在挖苦自己，这极有可能导致他们的情绪爆发，引来不必要的麻烦。

措辞和语气要适当。不是什么语言都可以拿来用，在使用激将法时措辞一定要讲究分寸，语气也要恰如其分，太过则容易使顾客产生对抗心理，语言力度不够又激发不起顾客的激动情绪。语气的配合必须恰到好处，不然顾客会从你的态度上感受到更为激烈的刺激，引起其强烈反感。这样不但无法达到刺激顾客冲动消费的目的，还可能引发争吵。所以，虽然激将法对销售有一定的促进作用，但是需要销售人员谨慎使用。

冲动购物是很多顾客难以纠正的消费行为，所以，想要开店赚钱，一定要把顾客的心理摸透，抓住他们的心理弱点，在适当的时机给予一定的刺激，以激发顾客的冲动心理，达成提高销售业绩的目的。刺激顾客冲动心理的方式很多，只要用心揣摩并在实践中不断学习，就可以掌握这一要领。

27

顾客的对比心理是成交的铺路石

——对比：用对比方式激发顾客的购买欲

在销售的世界里，顾客的对比心理可以说是一种无形的推动力。这种心理虽然听起来有些微妙，但它却是促成交易的一把利器。很多开店高手都会巧妙地利用这种心理，让顾客主动成交。

首先，我们要明白什么是对比心理。对比心理，又称为“社会比较”心理，是指个体在社会互动中，通过与他人比较来评估自己的社会地位和自我价值的心理过程。这种心理在消费行为中表现为，顾客在购买商品时，往往会受到周围人的影响，希望通过购买某些商品来提升自己的社会地位或满足某种心理需求。

简单来说，就是人们在看到别人拥有某样东西时，内心产生的“我也要拥有”的冲动。这种心理在日常生活中无处不在，比如看到同事换了新手机，自己也想换；看到朋友去了一个很酷的度假胜地，自己也想去看看。消费心理学研究已经表明，顾客的消费决策不仅受到商品本身属性的影响，还受到社会环境和心理因素的影响。而对比心理能够激发顾客的购买欲望，促使他们采取购买行动，开店高手在实际销售中就可以利用这一点促成成交。

那么，如何利用对比心理来实现销售成交呢？

稀缺性是激发对比心理的有效手段之一。当顾客认为某种商品数量有限时，他们更可能因为担心错过而产生购买行为。你可以搞个“限量发售”，告诉顾客，这款商品只有少数几件，卖完就没了。人们总是对稀缺的东西特别感兴趣，因为拥有稀缺的东西能让他们觉得自己很特别。

人们天生就有归属感的需求，很多人都希望通过购买某些商品来获得某个群体的认同。开店高手可以通过强调商品与特定群体的关联来吸引顾客。比如，有一家运动用品店，这家店的老板非常了解他的顾客群体，他知道这些人热爱运动，喜欢追求最新的运动装备。于是他创建了一个运动爱好者的社群，定期在社群里分享最新的运动装备信息，还会邀请一些运动达人来分享他们的使用体验。这些运动达人在社群里分享他们的运动故事，以及他们是如何使用这些装备来提高运动表现的。顾客们看到这些分享后，就会想："如果我也有这些装备，我也能像他们一样出色。"于是，他们就纷纷购买这些装备，希望能够提升自己的运动表现。通过这种方式，这家运动用品店不仅卖出了很多装备，还建立了一个忠实的顾客群体。这些顾客不仅自己购买，还会推荐给朋友，形成了良好的口碑效应。

当然，你还可以搞些促销活动，比如打折、满减、买一送一什么的。这些活动能激发顾客的购买心理，让他们觉得现在不买就亏了。有一家电子产品店，他们在新品发布时，推出了一个"前50名顾客享受9折优惠"的活动。这个活动吸引了很多顾客，他们为了能够享受到这个优惠，在活动开始前就来到店里排队。这种紧迫感让顾客产生了一种"我不能错过"的心理，从而促进了销售。

而在具体的操作中，我们还要注意以下几点：

首先，注意提供个性化服务。在利用对比心理的同时，我们还可以提供个性化服务来增强顾客的购买体验。比如，我们可以为顾客提供定制服务，让他们在购买商品时有更多的选择。这种个性化的服务可以让顾客觉得自己是特别的，他们购买的不仅仅是一件商品，而是一种专属于他们的体验。

其次，巧妙利用社交媒体的力量。在现代社会，社交媒体已经成为我们生活的一部分。我们可以利用社交媒体来传播我们的商品信息，让顾客看到别人是怎么使用这些商品的，他们的评价如何。这样，顾客就会想："大家都说好，我也要买来看看。"比如，我们可以在社交媒体上发布一些顾客的使用反馈，或者举办一些互动活动，让顾客参与进来。这样不仅可以增加顾客的参与感，还可以让他们在不知不觉中产生对比心理，从而促进销售。

再次，适度使用限时促销手段。人们往往对即将失去的东西更加珍惜。比如，我们可以做一些限时折扣活动，告诉顾客这个优惠只在有限的时间内有效。这种紧迫感让顾客产生了一种"我不能错过"的心理，从而促进了销售。

最后，建立正面引导。在利用对比心理的同时，我们也要注意正面引导顾客。我们不能通过制造焦虑或者压力来迫使他们购买，而是要让他们在愉快的购物体验中产生购买欲望。比如，我们可以在店里设置一些轻松愉快的音乐，提供一些免费的小吃和饮料，让顾客在购物时感到放松和愉快。我们还可以提供一些专业的购物建议，帮助顾客选择最适合他们的商品。这样，顾客就会觉得我们是真心为他们着想，而不是只想从他们身上赚钱。

还要提醒大家的是，对比心理虽然好用，但也不能滥用。销售不仅仅是一种交易，更是一种人与人之间的交流。我们要真诚地对待每一位顾客，用心地为他们提供服务，同时确保你的商品质量过硬，这样顾客才会真心喜欢，而不是仅仅因为一时的对比心理才买。毕竟，做生意诚信最重要，对比心理只是众多销售技巧中的一个而已。你需要结合自己的商品特点、顾客需求和市场环境，灵活运用各种销售方法，才能让你的小店生意兴隆。

总之，对比心理就像是一块铺路石，用得好，就能为你的小店铺出一条通往成功的路。只要你用心经营，真诚对待每一位顾客，你的小店一定能在激烈的市场竞争中脱颖而出。

28

顾客喜欢贪便宜，你就让他占“便宜”

——便宜：让顾客觉得占了便宜交易就成功大半了

很多人都喜欢贪便宜，所以在购物时，总希望商家能把价格降得更低，他感觉到占了便宜时，会立刻做出购买决定，生怕销售人员反悔。其实这也很正常，退一步说，在购买商品时，即便顾客知道很难占到便宜，也不希望被商家坑。而买的人和卖的人本来就是一对矛盾体，买方希望买到物美价廉的商品，卖方希望卖个好价，赚取更大的利润。但俗话说得好“买的不如卖的精”，尽管顾客再怎样想占便宜，价格的主动权还是掌握在卖方手里。而且，经营高手们还会利用顾客的贪便宜心理，在赚到钱的情况下，让顾客觉得自己占了便宜。

网上有这样一则关于销售的故事：

在一个小镇上，一个40多岁的中年男人经营着一家小超市，超市的生意非常好，顾客络绎不绝。男人有个亲戚，在另一个城市经营着一家小杂货店，但生意不太好。有一天，这位亲戚到他这里取经，想跟他学习经营经验，就问他成功经营的秘诀。男人说，其实很简单，他的成功全赖“装聋作哑”。男人的亲戚不太明白，于是他给亲戚讲了一个他经营中的小故事。他说，有一天店里来了一个人要买一把吉他，问他：“这把吉他多少钱？”

男人假装没听清，问：“你说的什么？”然后指了指自己的耳朵示意，意思是自己的耳朵有点聋。

于是顾客把声音加大了一些问：“我问你，这吉他多少钱一把？”

男人把一只耳朵对向顾客大声问：“什么，你说什么钱？”

这时顾客有点急了，铆足了劲大喊了一句：“这吉他多少钱一把？”

男人这回点点头说：“哦，明白了，等一下，我问问老板。”于是他冲着里面的一个屋子大声问：“老板，咱家的吉他多少钱一把？”这时屋子里传出一个老男人的声音，声音很大，但嘶哑含混而且带着睡意："怎么又问，我跟你说过多少回了，如果有人买那把吉他，800元就让他拿走。"

男人说了句"好的"，然后转过身对顾客说："听见了吧，600元，想要你就拿走吧。"

顾客一听高兴坏了，明明里面的老板刚刚说的是800元，他却说600元，这便宜可占大了，于是他迅速从兜里掏出钱结账走人。

男人讲完故事跟亲戚说，其实他家这把吉他的本钱只有200元。那位亲戚听完捧腹大笑，并向他竖起了大拇指。

这个销售小故事，正是利用了顾客贪便宜的心理，达到了交易目的。当然，这个小故事中超市经营者的做法，属于欺骗顾客，并不可取。不过这个小故事充分说明，在销售活动中，可以巧妙地利用顾客占便宜的心理，激发顾客的购买欲，提高成交率。

关于顾客贪便宜这种事，商家都有这样一个认知，那就是如果把商品的价格定得太高，顾客会觉得太贵，但若是把价格定得太低，顾客又觉得商品的质量有问题。其实，这种心理也很正常，大家都知道，价格是围绕商品的价值上下波动的，打个比方，一枚钻戒和一颗普通纽扣，一枚钻戒的价格再低，也要比一颗普通纽扣的价格高得多，而一颗普通纽颗的价格再高，也一定比一枚钻戒的价格要低得多。同样道理，顾客在购买商品时，自然会觉得“便宜没好货”。同样的商品，肯定价格高的要比价格低的质量会更有保证。所以，价格太便宜的商品，顾客自然会担心它的质量有问题，甚至怀疑它是假冒伪劣商品。之所以出现这种现象，是因为对比心理。通常，人们在购买商品时，会不自觉地把眼下的商品和以前用过的加以对比，这主要源于人的自我防御机制。在购买商品时，顾客对商品价格有一个心理预期，这种预期会带给顾客一种心理舒适度，如果价格在这个预期范围，顾客就会购买，如果超过了预期或者低于预期，顾客的舒适度就会大大降低，从而影响购买决定。

据说在面包机刚投放市场时，厂家以为这种新产品一定能热销，结果并非如此，很多消费者提出了各种问题。例如，面包机在使用时是否安全？烤出的面包片的口感如何？它是否值这个价格？等等。由于消费者的这些顾虑，面包机的销售成了一大难题。后来厂家在营销商的建议下，又制造出了大一号的面包机，并和之前的面包机同时出售，结果，原来的面包机的销量很快增长上去了。那么，是什么原因导致的呢？就是对比。在心理学上有一个对比效应，是德国心理学家威廉·冯特提出来的，这一原则说的是，一些对立成分，通过对比会有增强的势头。比如，通过颜色对比，会让我们感觉一些色彩的明亮。

生活中很多人有选择困难症，在购买商品时也是如此，很多时候需要做出各种对比。就像心理学上的“蠢驴效应”实验——当实验者把一头驴的左右两边各放上一捆一模一样的草，这时候驴就不知道该吃哪一边的草了。面包机的销售情况便是这样，当市场上出现了大面包机，人们就开始考虑小的面包机，用大的和小的进行比较，觉得小的更适合自己，所以，原来不好卖的面包机也就卖出去了。同样，顾客在购买商品时，一定会对价格进行比较，只有面对让自己心里觉得舒适的商品价位时，顾客才会考虑购买。所以说，顾客在购买商品时，并不是要买便宜货，而是在对比心理的作用下，买到在他看来是占了便宜的商品。也就是说，顾客在购买商品时的“贪”便宜心理，实际上是“占便宜”心理。这也就是人性中的“贪”的心理。但是，在销售活动中，如果能好好地利用顾客的这种“占便宜”心理，直接击中顾客的人性，自然会激发顾客的购买欲。

那么，怎样做能让顾客感到自己占了便宜，心甘情愿地掏钱结账呢?

先高定价然后再促销。为了给顾客造成“占便宜”的印象，在新商品上市时，可以先给它设定一个比较高的价格，然后再通过一些活动进行促销，比如打折活动、会员活动等，让顾客感觉到自己占了便宜。如果是服装实体店，也可以先把价格定得高一些，然后在顾客不断砍价的过程中，再将价格降到让顾客可以接受的范围。注意砍价的过程一定要让顾客不断“受挫”，但是“受挫”的程度要适当，太难的话顾客会放弃购买，而太容易的话，到最后要成交时顾客不会有占到便宜的感觉，也可能会放弃购买。

先到先得，卖完为止。在餐饮行业商家有时会玩“先到先得，卖完为止”的销售套路。其实，这种方法其他行业的店铺也可以尝试。这种方式的运用，就是为了造成顾客担心占不到便宜的恐慌感。在实施这一方案时，一定要让顾客按顺序购买，人多的时候可以排队购买，这样会给人卖的东西很抢手、很划算的感觉。于是就可能会有更多的人加入购买商品的队伍。就像一些小店铺，卖的不过是大街上随处可见的煎饼，但是因为这里排了很长的队，于是很多人就觉得他家的东西一定好，也去排队购买。因为限时限量，顾客便认为自己买到了，就是占了便宜。

巧定价格。人们都知道，现在商家都喜欢用98元、198元、6.98元、9.98元等带有这样尾数的价格给商品标价，实际上这也是利用了顾客占便宜的心理。在顾客浏览商品价格时，对100元和98元的感觉是不同的，虽然只有两元的微小差别，但是在对比心理的影响下，顾客就会觉得买98元的商品占了便宜。

赠送小物品。很多开店高手为了迎合顾客的占便宜心理，会在顾客购买商品时，赠送一件小物品，比如手机店送顾客贴膜，服饰店送钥匙链等，这些小东西虽然不值多少钱，但对顾客而言，却是一份小惊喜，多少也满足了他们“占便宜”的心理。

在日益激烈的竞争中，开店高手会在销售时，利用各种促销手段，来迎合顾客占便宜的心理，促成销售。

29

顾客的从众心理可以帮你促成交易

——从众：大家都买我也买

生活中有一种随大流现象，也就是人们的言行总会在不知不觉中，受到外界的影响。

网上曾有一段视频，在一条大街上有人吵架，致使越来越多的行人停下脚步围观，最初没有人出来劝架，大家都只是站在那里看热闹。直到有人上前劝架了，于是后面接二连三地开始出来一些人，也加入劝架的行列。类似于这种随大流现象的事在生活中司空见惯。比如，有家长见别的孩子上各种补习班，于是也给自己的孩子报名，生怕自家孩子输在起跑线上。还有很多家长见别人的孩子出国留学，也让自己的孩子去留学，尽管经济能力不够，但是为了显示不落在人后，借钱也要让孩子出国，等等。这些都是从众心理在作怪。

心理学家做过一个有10个人参与的实验。在这10个人中，有一个人没得到任何关于实验的信息，另外9个人知道这个实验要做什么。实验开始后，研究员先在黑板上画了三条线，它们分别为A、B、C，然后研究员又在这三条线的旁边画了一条跟B一样长的线，这条线为X。测试的问题是请所有人说出A、B、C三条线中，哪一条线和B长度相等。在回答时，那9个知道实验内容的人，都说A和X长度相等。可事实上，明显看得出来A和X的长度并不一样。而不知道实验内容的那个人，看到大家都说A和X长度相等后，开始犹豫了，他没有立即回答这个问题。片刻后，研究员把这一实验情景又重复了两三遍，并对被测的这些人问了和之前同样的问题，9个人依然十分肯定地回答A和X线的长度相等。虽然最后一个回答的那个人，看出了B和X一样长，但因为前面9个人都说A和X长度相等，尽管他十分犹豫，但是因受到那9个人的影响，最后他也选择了A和X。

通过这个实验，研究人员得出这样一个结论：在没有强迫机制和诱惑的影响下，大多数人都会跟随大流，做出和自己的想法相反的选择。心理学上称这种现象为“从众心理”，即在外界人群行为的影响下，个人不论在知觉、判断还是在认识的表现上，与公众舆论或多数人的行为方式趋于一致。这种从众心理经常被商家作为刺激消费的手段来利用。人们对商业销售中的“托儿”都不陌生，有的商家为了让更多顾客来购买自己的商品，故意找来一些人扮作顾客，聚集在其所销售的商品前，假装购买，往往场面越是热闹，吸引的人越多，而这些被吸引过来的人，就会有很多人加入购买商品的行列，商家的促销目的也就这样达到了。

在商业经营活动中，利用人们的从众心理刺激顾客消费的例子比比皆是。比如在20世纪70年代末，日本一家公司生产了一批新型电子产品——随身音乐播放器，也就是“随身听”，非常便捷，人们可以把它带在身上，一边走路一边听音乐。今天的消费者对它都已经很熟悉了，但是当时作为一种新产品，人们对它肯定不了解。为了使这款新产品被广大消费者接受，该公司组织了一场营销活动。他们让本公司所有的青年员工，每天携带着随身听，在上下班途中一边走一边听音乐，而且在人多的地方，或者电车上还故意把音量调大，表现出沉醉于音乐中的样子。不仅如此，他们还花钱请了一大批学生在青年人常去和聚集的场所，携带“随身听”走来走去。一段时间后，在这些人的影响下，越来越多的人开始使用“随身听”，“随身听”的销量也逐日增加。后来，身携“随身听”的现象，成为一种时尚。不得不说，这家公司利用消费者的从众心理所做的这种营销是非常成功的。

人们喜欢随大流，所以在群体的影响下会放弃自己的想法，跟随大家的意见，因此出现“入乡随俗”“凑热闹”等行为表现。当然，并不是说所有的人，在任何时候都会出现这种行为，从众心理主要发生于缺少主见的人身上，这类人更容易跟随大众的脚步行事，被大众的意见所左右。生活中缺乏主见的人非常多，所以在商业经营中，利用好从众心理对销售活动的影响非常大。那么，怎样才能利用好顾客的从众心理进行销售呢？其实，说起来这并不难，那就是制造出能调动起顾客跟大家走的现象。

首先是让顾客知道大家都在用这个商品。苹果手机销量之所以那么好，除了它本身所具有的优点外，很多年轻人使用它，也是出于对时尚的一种追求，他们觉得大家都在使用苹果手机，如果自己不用显得跟不上潮流。所以，哪怕节衣缩食他们也要买一部。其次是让顾客看到商品的人气高。很多人在网上购物的时候，都会先看一下顾客评价，如果某件商品评价的人越多，给出的好评越多，那么消费者选择这件商品的可能性就越大。这是因为，在消费者看来，既然这么多人觉得它好，那它就应该会很好。所以商品能否令顾客动心，人气起了很大作用。而想要给顾客留下使用这种商品的人很多的印象，商家可以采用这样几种方式。

打广告。利用广告宣传语，激发人们的随大流心态。比如某云计算及人工智能科技公司广告，说他们在市场上的占有率不仅排名第一，而且超过2～5名的总和。消费者看到这样的广告后，会认为既然有那么多人在用，那它一定是不错的。所以，一般的商家也可以利用这种方式，为自家的商品做广告。比如，你经营一家化妆品店，可以在主打商品的专柜前，标示这款商品有多少人在用，回头客的概率是多少，这样当顾客看到这个广告后，觉得既然有这么多人使用，就会产生“要不然我也试试”的想法。

吆喝。比如店里刚到的不易存放的新鲜草莓，当有顾客购买时，店员可以大声吆喝：“两盒草莓。”然后顾客结账时，收银员也跟着配合吆喝：“两盒草莓。”店员还要一边吆喝，一边“忙碌”，让顾客觉得店里的气氛非常好，这样就会吸引更多顾客进行消费。

堆聚商品。能堆聚卖的商品，就把它堆聚到一块儿，这样会让顾客觉得这个商品这么多，卖得一定很好。冬天的时候，为了促销橘子，在某大型超市里，经常可以看到在进门不远处，顾客围着堆放得高高的橘子摊前，争抢挑选。进门不远处，正是顾客来往的必经之地，很多顾客本来并没有打算买橘子，但看到很多人都在围着挑选，于是也纷纷聚拢过来挑选。其实，并不是因为这堆橘子价格有多便宜，就是因为商家的这种促销方法，吸引了更多的顾客前来，从而达到了促销的目的。

店员的销售技巧。在消费者前来购买商品时，店员的沟通技巧也是促进销售的一个重要因素。在店铺经营中，店员要充分了解顾客的从众心理并将其利用在销售中。比如，店员在介绍完商品后，还要告诉顾客这个商品购买的人很多，最好用数据来说明："今天到现在为止已经卖了70多个""这是我们店里最好的""刚刚还有两个被买走了""没剩下几件了"。像店员的这些话，都会让顾客觉得：这件商品竟然有这么多人买！这样就会成功地将顾客的从众心理激发出来，从而使其购买这件商品。

限量限时。把店铺里比较受顾客欢迎的商品，低价限量限时售卖，这样会有很多顾客为了贪便宜前来购买，而且要让购买的顾客排队，以制造“抢购”的气氛，吸引他们纷纷前来。

在开店高手的经营中，利用从众心理吸引顾客的手段还有很多，比如折价促销、礼物派送、店外叫卖等，不论哪种方式，都是为了积攒顾客量，让这些顾客吸引来更多的顾客，从而达到成功销售商品的目的。

30

顾客的逆反心理要巧妙利用

——拿捏适度：让顾客的逆反心理助你交易成功

在销售过程中，由于买卖双方都想争取最大的利益，所以二者在成交前必然有一场博弈战。对于顾客来说，在害怕上当受骗的心理支配下，对销售人员有着极强的心理戒备，所以，为了尽最大可能保证自己的利益不受侵犯，在商品性能、价格信息等方面，都会对销售人员给出的相关信息和提议抱有一定质疑和逆反心理。对顾客的逆反心理如果不能妥当处理，将会严重影响商品的销售。相反，面对顾客的这种状态，卖家如果拿捏适度的话，反而会成为助其成功销售的一个关键因素。因此，销售人员要对顾客的逆反心理有充分了解，并且利用这一心理促进交易的成功。

逆反心理指的是，人们出于维护自尊的目的，对来自他人的要求和建议，产生的抵触心理。这种心理的根源在于，接受信息的人有其固有的思维方式、观念和立场等，所以对来自他人的一些有意图的信息持有怀疑、反感，甚至排斥的态度，并对其不予理睬，或者做出与此人所引导的相反行为。

有这么一个人，每天睡午觉时，窗前都有一帮孩子吵闹玩耍，搅得他睡不好，他跟这些孩子说了好多次，让他们在他睡觉的时候，不要来这里打闹，但这些孩子根本不理他。这个人想到了一个主意，一天，在他午睡的那个时间，他从屋子里出来，把正在打闹的孩子们叫过来，每人发一块糖，并告诉这些孩子每天一定要在这个时候到这儿来玩，谁来给谁糖吃。孩子们很高兴，天天过来要糖吃。突然有一天，他不再给这些孩子发糖吃了，孩子们来了几天后，一直等不到他发糖，就说："他哄咱们来他这里玩，但又不给咱们发糖吃，以后咱们再也不要来这里了。"就这样，这些孩子再也没有到这个人的窗前打闹了。显然，这个人就是利用孩子们的逆反心理，成功达成了自己的目的。在小孩子们看来，那个人给他们糖吃，是为了让他们到这里玩，那现在不给了，当然就不来了。他们的想法就是："你想怎样，我们偏不怎样。"

在生活中逆反心理很常见。比如，两个年轻人谈恋爱，在没有父母反对之前，感情也就是正常发展，但是一旦有一方父母出来反对，往往会让两个年轻人的关系变得更紧密，感情会迅速升温，而这就是逆反心理导致的结果。年轻人觉得父母不相信他的判断和选择，觉得自己已经成年了，自己的事可以自己做主了，可是父母还把他当孩子一样管教，所以他们会对父母的反对和说教特别排斥。

逆反心理在生活中的方方面面都有体现，在消费活动中也是常见现象。比如，当消费者不断接受来自商家的宣传，以及各种各样对顾客的消费刺激，一段时间后，刺激仍然继续，使顾客的承受能力受到挑战，顾客的逆反心理就会产生，从而做出与商家所期待的相反的行为。

在销售过程中，通常导致顾客对销售方产生逆反心理的因素不确定，有时候看上去没什么道理和依据，但就是存在这种心理。其实，仔细想想，主要还是在于顾客对销售人员的信任问题，毕竟是一场交易，不论大小，顾客都不希望被商家蒙骗。在面对顾客的逆反心理时，销售人员要运用智慧加以利用，把不利因素化为有利条件。

金克拉是美国的一位优秀的销售，在20世纪50年代，年轻的金克拉进入纽约的一家厨具公司做推销员。半年之后，凭借优秀的销售业绩他升为部门经理，后来成为销售大王。他曾讲过自己的一个销售故事。

一天，金克拉走进一户人家，这家的男主人安德先生是一位公路巡警。当时，是安德夫人接待了他，客厅里还有一位太太，安德夫人介绍说，这是她家邻居布威先生的太太，布威先生和安德先生在她家后院。金克拉说明来意后，两位太太很想看看他带来的厨具。金克拉提议让他们把自己的丈夫也叫过来一起看，虽然他知道想让男人耐心看商品的展示不太容易，但是他还是跟两位太太说，请她们的先生一起过来看，他说她们的先生也会感兴趣，就这样安德夫人把后院的两位先生都叫进屋来。

金克拉开始认真地为他们做着演示，他用自己带来的厨具煮没有加水的苹果，又在安德夫人家的厨具里放了一些水煮苹果，然后通过两者对比，金克拉指出了两组厨具存在的差异。虽然效果令两家人很深刻，但是两位先生却始终表现出一副不以为意的样子，看得出来，两位男士并不打算买金克拉推销的厨具。金克拉意识到这点后，便想了一个主意。于是，他把洗好的厨具整理好重新放到包装箱内，没再继续谈论他的商品，而是跟两个家庭中的夫妇道谢，感谢她们给自己一个展示商品的机会，之后他又说，本来以为今天就可以将这套厨具卖给她们，不过没关系，以后应该还有机会。

当金克拉说完这些话后，事情却出现了反转。两位先生见金克拉放弃了推销，反而来了兴致，问这套厨具什么时候能生产出来，金克拉说，出货日期现在还说不好，不过到出货的时候可以告知他们。两位先生对金克拉说："到时候你不会忘了这件事吧？"于是，金克拉趁机建议，可以让他们先付定金，这样一旦公司那边有货，就会第一时间给他们送过来。不过，大概需要一两个月的时间。两位先生表示理解后交了定金。就这样，金克拉利用顾客的逆反心理，成功卖出了他的厨具。

很多时候，顾客在推销员一而再再而三的啰唆下，反而想迅速逃离这种氛围；而当自己被销售人员"冷落"后，反而会激发出他们购买的冲动。有一句老话说得好："上赶着不是买卖。"这句话就体现了扭转顾客逆反心理的销售技巧。

在销售活动中，一般情况下，为了避免引起顾客的逆反心理，销售人员应尽量争取得到顾客的信任，打消他的疑虑，即从顾客害怕上当的心理入手，让他相信购买这一商品不会有什么损失。在这一过程中，开店高手往往会从预防顾客产生逆反心理入手。比如，他们会尽量以提问的方式和顾客交流，多让顾客说话，了解顾客的需求，他们清楚如果自己对着顾客滔滔不绝地介绍商品，会引起顾客的逆反心理。但这种做法对一部分顾客奏效，对有些顾客是没有效果的。所以，有时候根据对顾客类型的判断，他们会反其道而行之，也就是利用顾客的逆反心理激发顾客的购买欲，促成销售。所以，可以在介绍商品时，逆着顾客对销售人员所认知的推销手段，即只说好的不说坏的，去向顾客介绍商品。比如在介绍完商品后，提醒顾客商品存在着小瑕疵，这样就会给顾客留下一个印象——这个销售人员比较诚实，从而增加顾客对销售人员的信任，使局势朝着交易成功的方向发展。

先把瑕疵告诉顾客。告诉顾客商品有问题时，要注意分寸，顾客最在意的商品性能和质量不能有问题，如王苹要买一台洗衣机，她在店里看了半天，太高档的价格比较高，价格低的她又有点相不中，最后，她停在一台海尔牌的洗衣机前，这时销售人员走过来告诉她，这款洗衣机性能非常好，只是有点小问题。王苹不解地望向销售人员，销售人员跟她说，在卸货的时候，不小心碰了一下，机体外壳的左侧有一小凹陷，但不明显，也不影响洗衣机的正常使用。也是因为这个原因，这台洗衣机比同款的要便宜200多元。王苹仔细看了下凹陷的地方，发现凹陷并不明显，不仔细看还真是看不出来，她觉得这个销售人员还是挺诚实的，所以她相信这台洗衣机的质量是不会有问题的，就这样她买了这台洗衣机。

借用优点为瑕疵。大家知道很多商品，尤其是电器类的在使用时容易出危险，比如电蒸锅，便宜的电蒸锅是没有安全保险的，也就是通电后，当锅里没有水时，它不会自动断电，这样就有一定的危险，一旦使用的人疏忽大意，就可能把锅烧坏，甚至引起火灾。但是，价格贵一些的电蒸锅，都有保险，当热量超过一定限度时，就会自动断电，这也会在使用上造成一些不便。所以，销售人员可以借用这个优点作为“小瑕疵”说给顾客听，以赢得顾客的信任。

Chapter 6

把握住成交的机会你就赢了

在销售活动中，促成交易是最后一步，也是最难的一步。因为在这个环节中，顾客和销售人员一旦没有达成最后共识，顾客可能就会拒绝成交。因此，开店高手和有经验的销售人员，为了在这个最后环节上促使顾客的购买行为发生，前期的铺垫工作会做得非常好。而且他们都是一些善于察言观色的高手，往往能从只言片语中，就可以判断出顾客到底是不是真的有需求，或者能否挖掘顾客的需求，并通过一定的沟通技巧，在合适的机会下果断地向顾客提出成交要求。此外，他们在进行价格商谈时，也能借用各种心理战术，打消顾客的顾虑，说服顾客购买商品。当然，并不是说，优秀的销售人员每次向顾客推荐了商品，顾客都一定会购买。但是，作为一名销售人员，一定要了解提出成交的最佳时机，并懂得运用什么样的技巧更容易说服顾客成交，只有这样才能提高销售业绩，使店铺的生意越来越好。

31

顾客说“太贵了”，意味着成交的机会来了

——当顾客说“太贵了”，八成是想买了

在店铺经营中，经常听到顾客说“这太贵了！”销售新手听到顾客这样说，往往认为这是顾客的一种拒绝，随之采取不理不睬的态度，或者说一些令顾客感到不舒服的话。大家应该都有这样的感受，当我们在购买商品嫌价格高时，有的销售人员会显出一副蔑视的神态，仿佛在说“买不起就别买”，显然这是一个非常不合格的销售人员。销售人员的这种态度会让顾客十分不舒服，从而马上转身离开，甚至再也不来这家店铺。

当顾客嫌商品价格高时，有经验的开店高手，恰恰认为这是顾客释放的一种积极的信号，说明顾客对商品是认可的，

只是觉得“价格太高了”。这时候，他们会立刻投入“战斗”状态，与顾客积极交流，并针对顾客提出的问题，给予全方位解答。

那么，在顾客感觉商品价格高的时候，他们都是采用怎样的策略说服顾客掏钱购买呢?

先运用同理心，这是销售人员采用的一种沟通技巧，以先赢得顾客的好感为第一步。在心理学研究上，认为同理心是一个人能感知、理解和欣赏他人情感的一种能力。拥有这种能力的人，能站在他人的立场去考虑问题。这在销售活动中表现的是，销售人员能对顾客的感受给予充分的理解，而不是站在自己的角度，急于向顾客介绍商品，或者表达对价格的看法。通常，有同理心的销售人员，先通过听顾客的表达，然后了解顾客的沟通风格、需求，再调整自己的沟通方式，尽量和顾客的表达方式靠近，以使顾客感受到亲切感，从而有利于和顾客建立一种和谐的关系，赢得顾客的信任，促成销售。

约翰的车已经买了好多年了，但他并没有打算马上换掉，他认为自己的车至少还能再开两年。当然，约翰不愿意换掉这台车，也跟他的经济条件有关，他的生活并不富裕。由于约翰整天开着这辆老旧的汽车，引起了推销员的注意，在不到一个月内，有三个汽车推销员找到他，向他推荐自己公司的汽车，这让约翰十分恼火，他觉得这些推销员为了挣钱，不惜让他换掉还可以再开上几年的汽车。“真是可恶！”每当推销员离开后，他都会火冒三丈地说出这句话。

杰瑞是某公司的汽车推销员，当他看到约翰开的汽车时，心中一动。一天，他找了一个合适的机会和约翰搭上了话。聊天时，约翰听说杰瑞是汽车推销员，立刻在心里竖起了一座壁垒。结果，两人没聊上一会儿，杰瑞就问约翰：“这是你的车？”约翰冷淡地说：“是啊。”杰瑞一看约翰的表情就猜出，约翰对他产生了极强的戒备心理。于是，他看着这辆汽车说：“这车有年头了，不过再跑上两年还是没问题的。”听到这话后约翰一愣，他没想到眼前的这个推销员会这样说，而不是像之前的那几位一样，急着向他推销汽车。于是，约翰把心里藏着的对那几位汽车推销员的不满，说给杰瑞。“是吧，我这辆车还能再跑两年？可是上个月有好几个汽车推销员告诉说，我的汽车太旧了，应该换新的。”杰瑞说：“这车还可以开，过两年再换是没问题的。”约翰觉得杰瑞是一个诚实的汽车推销员，不唯利是图，于是和杰瑞做了朋友，后来在杰瑞手上买了一辆新车。

杰瑞之所以能推销成功，就在于他运用了同理心的销售技巧，当他发现约翰对汽车推销员的戒备心理后，立刻调整思路，站到了约翰的这一边，说了约翰喜欢听的话，使约翰的戒备心理得以解除，拉近了两个人的关系，最终让约翰在自己的手上买了汽车。试想，如果他也像之前的那些推销员一样，上来就急着推销自己公司的汽车，让约翰换掉并不打算换掉的汽车，约翰一定也会用对待其他几位汽车推销员那样的态度对待他，更别说在他手上购买汽车了。可见，同理心运用得恰当，对赢得顾客的信任、建立与顾客的和谐关系，以及促成销售都有着积极的影响。

同样，当顾客说出“这个太贵”时，如果销售人员先运用同理心对顾客的感受表示充分理解的话，也会使顾客对销售人员的态度有所改变，消除一些戒备之心。所以，当顾客嫌商品价格高时，先不要急着跟顾客讲价，也不要表现出消极的态度。顾客购买商品在价格上是有自己的心理预期的，超出这个预期的话，他自然会嫌贵，这是很正常的表现。如果我们站在顾客的角度去思考问题，而不是急着推销自己的商品，就能对顾客嫌贵的心情感同身受。反过来，销售人员的理解会让顾客的心情放松，觉得可以和他轻松地交流，于是，销售人员也就赢得了和顾客交流的时间和机会，为下一步说服顾客打下良好的基础。

顾客认为价格高，往往基于这样几个原因：一是的确认为价格高。二是有别的商家的价格作对比。三是不喜欢这个商品，以价格高为拒绝的借口。这需要销售人员在和顾客沟通的时候，迅速做出判断，然后对顾客提出的问题进行解答。

顾客的确是嫌价格高的话，销售人员先不要在价格上跟顾客做拉锯战，要转移顾客的注意力，把顾客的关注点，引到商品的使用价值上去，让他从关心贵不贵，转而关心买到这个商品值不值。这时可以这样跟顾客交流：

小姐/先生，我们买东西不能只看它贵不贵，我不知道您之前用没用过同类商品，如果您用过的话，您应该知道价格相对低一些的同类商品，可能用不了多长时间就不好用了，质量上会出现问题。比如我们买一把伞，10元的伞和50元的伞，在使用寿命上是有很大区别的。10元一把的伞，可能只能用一两年，甚至用不到一年，但是50元一把的伞，要比10元一把的伞使用的时间长，而且看着也漂亮大气。再比如，您同样买手机，几百元的和几千元的相比，那完全不是一回事，几百元的无论是质感体验，还是运行的速度，都不能和几千元的手机相比，而且几百元的更容易卡机。虽然当时买的时候价格低，但是用不了多久就会出现各种问题。俗话说“一分钱一分货”，所以我们买东西，要注重它的实用性能、质量是否有保证等。价格低的商品在这些方面是没法和价格高的商品比较的，您觉得呢？

另外，还可以跟顾客细算他的投资金额，并进行金额切割，切割的单位越小越好。这个方法就是跟顾客算一笔账，算算这件商品能使用多少年，然后除以一年多少钱，接着求出每个月投资的钱数，再用同样的办法，求出每天投资的钱数，还可以推算到每个小时投资的钱数，这样一大笔金额就被分成了很小的金额。比如，顾客看中的是一双2000元的鞋子，你按这双鞋子能穿三年来算，$3\times365=1095$（天），$2000\div1095\approx1.83$（元），这样得到的数字就很小了，一个人每天花掉约1.83元，这显然是一笔非常小的消费，对于这样一个数字来说，顾客的接受程度就会大大提高。

在销售活动中，销售人员要学会捕捉顾客的关键信息，要清楚顾客说的每一句话背后深藏的意思，就像顾客说“太贵了”，对于这样的话要引起关注，并且先采用同理心的沟通技巧，和顾客搭上话，拉近与顾客的距离，争取进一步的交流。

如果顾客真的对产品有需求，销售人员再跟顾客商谈价格，这时可以采用价值论法或参照对比法，促成销售。所以，开店高手在听到顾客说“太贵了”的时候，第一反应是顺着顾客的思路往下走，选择站在顾客的角度，以亲和的态度对顾客的想法表示充分的理解，以争取赢得成交的机会。

32

顾客的挑剔释放了什么信号

——顾客的挑剔只是想掌握砍价的主动权

在店铺经营中，经常会遇到这样的顾客，进店后先四处逛逛，然后对一些商品指指点点，在销售人员跟他介绍商品时，他听得很认真，并且提出一些问题，销售人员也都给做了解答，但是，在跟他提出成交时，他却表现出不太喜欢这件商品的样子，并指出它存在的各种“不足”，好像根本没看上这件商品。面对这种顾客时，很多销售人员会认为顾客根本没打算买，于是，便对顾客冷眼相对，或是抛下这位顾客，去理会他人。这种做法是非常错误的。开店高手在遇到这种顾客时，会认为这是一个潜在客户，成交的机会很大。在他们看来，一般的顾客是不会对自己不需要的商品太关注的，也不会计较它有什么缺点和不足，顾客一旦对某商品斤斤计较，就说明他对这件商品是感兴趣的。那么，为什么顾客关注这件商品，也认真听了店员的介绍，却在销售人员提出成交的时候，又对这件商品进行挑剔呢？

顾客对商品的挑剔，一方面是担心商品买到家后，出现问题，所以为了避免这种事情发生，就要在成交之前对商品的性能、质量、售后等问题，进行更深一步的确认。另一方面也是最重要的，就是为了下一步的杀价做铺垫。顾客购买商品需要花钱，所以自然担心自己的钱花得不值，万一东西买贵了呢。所以这时，顾客即便很喜欢这件商品，往往也会表现出“嫌弃”的态度。这种行为，其实是一种自我防护心理在起作用。心理学指出，人们在遇到令自己感到不安的事情时，为了防止内心的紧张和焦虑被人发现，通常会隐藏自己的不安和脆弱，表现出与内心截然相反的情绪和行为。在消费过程中，一些顾客因为担心被宰，为了保护自己的利益不被商家损害，往往表现出对商品的各种“看不上”的态度，以达到让商家在价格上做出让步的目的。

在消费过程中，当顾客“嫌货”时，有经验的销售人员就会认为买主到了。美国著名的销售大师霍金斯曾指出， 在推销过程中，当顾客提出异议时，优秀的销售人员会意识到，成交的机会来了，眼前的人就是摆在自己面前的金矿。在优秀的销售人员看来，真正令自己担忧的是听不到顾客的任何意见，因为那意味着人家根本没想买你的商品。只有当顾客对你的商品产生了兴趣，才会认真思考关于商品的问题，以及接下来出现的价格谈判问题。有句俗话说得好“嫌货才是买货人”，说的正是这个道理。

徐敏经营着一家家具店，刚开始做生意时，店里来的顾客中，经常会有一些人对她的家具“挑三拣四”，刚做生意的她由于经验少，并不清楚顾客“嫌货”意味着什么，后来她才慢慢发现，越是这样的顾客，越要好好接待。

有一天，她的店里来了一位顾客，该顾客在店里看了一圈后，在一个电视柜前停住了。他看了一会儿说：“你这个电视柜看着也没什么特别，怎么比别人家的电视柜贵那么多啊？”徐敏回答道：“贵当然有贵的道理，我敢向你保证，我家这个电视柜不论材质还是做工，不敢说是最好的，但绝对是上乘。它简单大气，给人的整体感觉非常简洁，没有那种故意造作的烦琐感。”停顿了一下她又说，“别人家的你也看了，你可以比较一下。”徐敏一边说着，一边给顾客倒了杯茶水，然后和顾客不紧不慢地聊着。

聊了一会儿，顾客盯着电视柜又说："这个宽度有点不够，我家的客厅面积比较大。"

徐敏笑了笑，用她悦耳的声音回答道："电视柜如果太宽的话，就显得笨拙了，这种东西的主要功能不是收纳，而且电视柜的宽度小于沙发宽度才是合适的，你看这个电视柜如果再宽一些的话，就跟沙发的宽度差不多了，那就不合适了。其实，房间中的各种家具只有搭配合适，才能显得整个房间更协调。"

那位顾客看了下徐敏，说道："那你便宜点吧，这个太贵了。"

徐敏一脸无奈地看向顾客说："我们的价格已经定得很低了，我们就是本着薄利多销的思想来做生意的，到我们店来的顾客都是这个价格买走的。"

后来，那个顾客又跟徐敏唠叨了半天，但不论他怎么说，徐敏都坚持自己的价格，最后顾客还是掏钱买了那个电视柜。徐敏之所以能成功卖出电视柜，就是因为她看出这位顾客是一个真顾客。凭着她的经营经验，她知道像这类对商品"挑刺"的顾客，是真正的买家。这是一个合格的销售人员的能力体现，所以在没有经验的销售人员看来不可能买货的顾客，到了经验丰富的销售人员那里却能成交，这在销售活动中是经常出现的事情。可见有时候不是顾客不买货，而是销售人员不能辨别出真假顾客，没有把握住成交的机会。

对于顾客而言，在购买商品前，他需要对商品有一个细致的了解，而且他更关心自己花出去的钱值不值。这是顾客在维护自己的利益，而维护自己的利益是人的本能。所以，销售人员一定要理解顾客的这种心理。如果销售人员不能切实地感受顾客的心理，就会失掉很多可能成交的机会。要记住，顾客不会无缘无故地去关注某个商品，也不会闲着没事找事，去对你的商品品头论足，只有他想购买，他才会去关注商品，才会针对商品提出问题。

例如，一个刚能温饱的人基本不会为了专柜里的高档商品去向销售人员说东说西、“挑三拣四”，因为他不会去购买。就像有人说，你向一个普通的工薪族推销高级轿车时，尽管你劳神费力地讲了很多，他可能也只是笑着听听而已，不会发表任何意见，而你如果向他推荐一套西装或者一双鞋子时，他可能会提出异议，因为他或许正有购买的打算。这时他才会对商品进行仔细了解，计算花多少钱买这件商品才划算。因此，销售人员想要提高业绩，要注意以下几点。

首先，平时要站在顾客的立场去思考，对顾客可能提出的各种异议有一个汇总，然后找到合适的方法去应对。这样就避免了当顾客提出异议时，因为你之前没有思考过这个问题，不知如何应对的尴尬，或者采取错误的方式应对，失去成交的机会。

其次，要有耐心。当听到顾客在对商品“品头论足”时，不要忙着打断顾客的话，也不要生硬地和顾客争高低，要有耐心，认真倾听顾客提出的问题，然后以不卑不亢的心态解答顾客的异议，让顾客感受到你的专业性和你诚挚待客的态度，这对顾客是否决定购买，以及接下来的价格商谈中，你能掌握多大主动权会有一定的积极影响。

另外，即便最后没有成交，也要以平和的心态对待顾客，因为这样的顾客大抵是有需求的，他可能还需要去别家看看，以做比较。毕竟很多顾客购买商品时，都喜欢货比三家，而你的态度会决定顾客是否再回到你的店铺。俗话说得好“买卖不成仁义在”，开店高手在这方面做得都很好。

一个合格的销售人员、一个开店高手，在遇到“嫌货”的顾客时，都会采取积极的态度去应对，因为他们知道“嫌货才是买货人”的规律。不管在什么时候，卖的商品是什么，只要有人想买，就会对购买的商品提出异议，而只有不买的顾客才不会在乎商品的好与坏、价格的高与低。所以，销售人员一定不要忽视“嫌货”的顾客，因为他对商品提出异议正是暴露了他有对商品的需求。所以，面对这个信号时一定不要忽视它，否则就会失去一次成交的机会。

33

让顾客的同伴变身为成交的帮手

——同伴可以是“强敌”，也可以是帮手

在销售过程中，令销售人员难以招架的不只是顾客，还有顾客的同伴。很多时候，销售人员跟顾客聊了半天，顾客也有成交的意思，这时如果他身边的同伴横加一句：“我觉得这个不太适合你。”就让销售人员所有的努力付诸东流。而且很多时候，顾客在和店员交流时，也会时不时地问问身边同伴的意见，同伴给出的建议不管是肯定还是否定，都远远抵得过店员的100句话。

人们有个习惯，逛街购物时喜欢与他人结伴而行，在购买商品时，希望同伴帮自己拿主意。之所以这样，是因为在消费过程中，认为自己处于劣势，担心一不留神上了卖家的当，

被坑骗。简单来说，就是希望同伴既能帮助自己挑选到合适的商品，也能在杀价的时候助自己一臂之力。所以说，是否购买某件商品，同伴的意见对他的影响至关重要。虽然买不买到最后由顾客决定，但是，同伴给出的否决有相当大的分量。在心理学上，有一个信任效应，说的是信息源的可靠性高，信任效应就强，反之就低。对我们来说，可靠的信息当然是真实的信息，就是信息源发出的动机是可靠的。顾客和同伴前去购物，两个人一定是熟悉的，或者是朋友，或者是亲人，所以，来自同伴反馈的信息，顾客会认为是可靠的，继而顺理成章地采纳同伴的意见。

一天，两位女士来到刘梅的服装店，她们先是在店里看了一圈，最后在挂着连衣裙的墙面前停了下来，指指点点，交头接耳。刘梅上前和两位女士搭话，问她们有什么需要。两位女士相互看了一下，又看了看刘梅，其中一位女士指着一件水蓝色长衫说："我试下这件衣服。"刘梅拿下衣服递给那位女士，女士去了试衣室。这时，又有客人过来询问要试衣服，刘梅去帮忙。片刻工夫，那位女士从试衣室走出来，一边在镜前前后左右地看，一边问她的同伴："怎么样，这件衣服，我穿好看吗？"同伴左看看右看看，向那位女顾客点了点头，表示这件衣服还不错。刘梅也在一旁说："这件衣服太符合您的气质了，衣服的尺码正合适，好像为您量身定做的一样。"女顾客又反复对着镜子看了看，看上去确实挺满意的。这时，她的同伴看向刘梅，问道："还有别的颜色吗？"刘梅说："没了，这款衣服我一共就拿了两件，一件是白色的，一件就是这个颜色的。白色的那件今天上午刚被人买走。"女顾客的同伴说："哦，这样啊。"说完，她指着墙上挂着的一件米色连衣裙对那位女顾客说："你再试试这件。"女顾客点了下头，然后对刘梅说："麻烦您帮我拿下来，我再试试这件。"

这次，女顾客进试衣室后，刘梅赶紧与她的同伴搭讪，说她眼光好，有品位，还夸她身上穿的衣服很漂亮。因为，她已经看出来，这位同伴的意见对女顾客的影响非常大，她担心这位女士一会儿再跟顾客提议到别人家看看，而实际情况是，女顾客不论气质和容貌，还是身材都很好，是个很好的衣服架子，到谁家试衣服，效果都会不错。所以，刘梅心想要留住那位顾客，必须先留下她的同伴。

一会儿，女顾客走出试衣室，一边问她的同伴这件衣服好不好看，一边对着镜子上下左右地看。刘梅说："你们的眼光真好，选的这两件衣服真的是太合适了，非常能突显您的身材和气质。”然后，她又看向女顾客的同伴说：“您是她朋友，眼光又好。您说句公道话，我说的没错吧？”刘梅这么一说，女顾客的同伴也跟着说：“这两件衣服穿上确实都很漂亮。各有各的特色。”女顾客问：“那我应该选哪件呢？哪件穿着更漂亮？”当顾客问出这句话时，刘梅知道这件衣服十有八九是卖出去了。最后，在那位同伴的建议下，女顾客把两件衣服全都买走了。

在销售活动中，顾客有同伴陪伴的情况下，想要顺利成交一定不要忽视他的同伴，因为，他既可能是一个“强敌”，也可能是你的销售助手，至于他到底是哪个角色，有时候真的就看销售人员。所以，当顾客带着同伴购买商品时，销售人员要做到以下几点。

关注顾客的同时还要照顾到其同伴。虽然销售要围着顾客转，与他交流，向他推荐商品，但是，在顾客带着同伴的时候，也要在和顾客交流的同时，时不时地和他的同伴交流一句，或者在和顾客交流的时候，也偶尔用眼神和他的同伴交流一下，从而让这个陪伴在顾客身边的人，感受到销售人员对他的尊重和重视。如果只把顾客放在心上，把他的同伴当空气，那这个同伴可能就会因为对销售人员没有好感而搅局，将顾客带走，使本可以有的成交机会白白失去。

主动让顾客的同伴给出建议。销售人员可以主动提议让顾客的同伴给出建议，以表示对他的尊重。如果顾客的同伴提出异议，千万不要急着否定或者与他争论，如同伴说："我觉得不太适合他，不怎么好看。"这时，不要反驳说："哪里难看啊，我觉得挺合适的，这可是刚到的新款呢！"为什么不能这样说？因为在你和同伴之间，顾客一定会选择相信同伴的话，他们才是站在同一立场的人，其本来就是顾客找来的"参谋"。销售人员和顾客的同伴对立，必会引起顾客的不满。恰当的做法不是先对顾客同伴的意见做评论，而是夸赞他对朋友尽心，夸他的眼光好，然后请他说出他的朋友更适合什么，让他帮助顾客一起挑选。如，可以这样说："这是我们的新款，目前只有我家有货，它还是比较好搭配的，和毛衫、大衣搭配起来都很漂亮。您是他的朋友，对他很了解，看您自己的这一身搭配就很好，您帮您朋友搭配一下，他穿哪件更合适。"

这段话既夸赞了顾客的朋友，又不着痕迹地挽留了顾客，而通常在这种情况下，顾客的同伴不会带着顾客立即走，除非店里的东西确实没有适合他们的。

当然，销售的主体是顾客，销售人员还是应该把更多的关注放在顾客身上，毕竟最后买不买还是顾客说了算。不过，在照顾到顾客的同时要尽量兼顾一下他的同伴，争取得到其同伴的好感，这样往往能让顾客的同伴帮助说一些有利于销售的话，效果会更好。

利用顾客和同伴的关系巧妙施压。当顾客的同伴为顾客挑选商品后，顾客也觉得比较满意的话，销售人员要巧妙地利用他们的关系，及时向顾客施加一定的压力。假如同伴是顾客的女朋友，销售人员可以这样说："我还从没见过像您男朋友这样有眼光的男孩子，看看人家帮您挑选的这个手镯，多适合您啊！这平时对您得多上心啊！"这句话对顾客的同伴来说是很受用的，而销售人员对顾客同伴的眼光的赞赏，会让顾客的同伴不知不觉地站在销售人员这边，那么，接下来他说的话一定对促成销售有利。而对顾客来说，销售人员说出这样的话，一般情况下，她是不太好反驳的，如果反驳了，就等于不同意销售人员的观点，对男朋友的眼光不认可，这样会使男朋友很没面子。除非女孩平时在男朋友面前任性惯了，不顾及他的感受，或者心里确实一点也不喜欢。如果女孩正好也喜欢的话，那就会顺理成章地买下来。

在店铺经营中，当顾客进入店铺后，先要学会观察，如果顾客是结伴而来的，要先弄清楚谁是顾客，谁是陪同，然后再大概地搞清楚他们的关系，是朋友、兄弟姐妹、恋人，还是夫妻，等等。同时，还要观察顾客和同伴的个性特征，这样有利于判断出同伴对顾客的影响力的大小。解决了这些问题后，在商品推荐和价格商谈中，销售人员就能得心应手地应对顾客的同伴了，而如果用得好，就能将“强敌”变为促成销售的帮手。

34

把握好让步策略，成交近在眼前

——让步时要拿捏有度

在销售活动中，价格商谈是绕不过去的事情。在顾客砍价时，开店高手往往能应付自如，因为他们的销售经验极其丰富。但也有很多销售人员，没有掌握价格商谈中的技巧。而消费者都知道，很多商家对商品的定价都是虚高的，所以在挑选完商品后会进行砍价，如一双鞋子标价588元，顾客肯定会这样说："可以便宜点吗？"这时，新手销售人员可能会说："那就500元吧。"这样的让价显然会给顾客一个要价太高的印象，导致在接下来的砍价中，狠狠地下压价格，使销售人员十分被动，甚至不得不放弃成交的机会。

在商业经营中，商家为了给顾客留出砍价的足够空间，往往会把商品的价格定得高一些，但是一般都会在合理的范围内，不然开价过高，售卖时价格太低，会使顾客质疑商品质量。所以，砍价应是在有限的空间内的，这就需要销售人员在和顾客商谈价格时，运用一些技巧。

一个优秀的销售人员，在面对顾客砍价时，往往会采取以退为进的策略。以退为进，顾名思义就是为了向前进一步，不得不暂时采取向后退一步的策略，是一种进取的手段，也就是说，退让只是一种表面姿态，目的是让对方从自己的谦让中，获得一种心理上的满足，使其放松戒备。而通常情况下，对方为了投桃报李，必然会答应一些要求。简单来说，以退为进的策略就是，先让对方一步，以达到反守为攻的目的，这也是一种比较智慧的处世之道。

张之洞是晚清历史上的一代名臣，在朝为官时受到很多人的尊重，这和他为人处世的态度有很大关系。张之洞个子不高，长相普通，初任湖广总督时，没有几个人把他放在眼里。据说，当时湖广之地的一位画家，专门为了调侃他，画了一幅名曰“三矮奇闻”的水彩画。画上画着张之洞和他的两个同事。这幅画引来很多人的关注，人们把它当作一种笑谈。这位画家的行径可以说严重冒犯了张之洞，张之洞是国家重臣，手握一定的权力，对诋毁他的人是有权力制裁的。这件事发生后，张之洞的属下因为气不过，建议他把这位画家送入大牢。但是，张之洞没有这样做，而是掏钱把那幅画买了下来。他的做法令那位画家十分敬佩，画家从此再也没有做过对不起张之洞的事。这件事情充分体现了张之洞的博大胸怀，但同时也体现了张之洞对待人事方面以退为进的行事风格。这种以退为进的做法，也确实达到了他的目的。

从这个故事中不难发现，当两个有着“对立”关系的人，如果一方做出让步后，另一方作为回报也会有所表示。毋庸置疑，以退为进作为一种策略，如果运用得当不失为保护自我利益的一个好方法。

网上有一则关于英国商人托马斯的故事。托马斯是皮鞋中间商，他非常善于推销，为了开辟市场，很多皮鞋厂家找他帮忙，希望能通过他使自己的皮鞋打入欧美市场。

一次，托马斯受印度尼西亚的皮鞋生产商的委托，来到巴黎，帮他们在那里开拓市场。根据托马斯的了解，印度尼西亚的这个厂家制造的皮鞋，不论是款式还是质量都是领先于同行业的，所以他相信这些皮鞋一定能在巴黎卖得很好。来到巴黎之后，托马斯找到了那里的皮鞋销售商奥斯卡利公司总裁密托斯朗先生（此人非常精明，老谋深算）。在洽谈业务之初，托马斯就遭遇到密托斯朗的大码杀价，签订合同时，他的价格更是被压到无法再低的程度。为了开拓市场，托马斯也只能一退再退。然而，这个得寸进尺的家伙，到了交货的日子时，又提出要分期付款。为了让这个家伙先为自己赢得了价格大战的胜利得意忘形而放松警惕，托马斯再一次做出让步。但是，货物到达之后，托马斯马上改变了原有的态度，不再做任何让步，并按照之前签订的合同事项向密托斯朗提出索赔。最终，密托斯朗按照托马斯开出的价格留下了这批货物。

在老奸巨猾的经销商步步紧逼的情况下，为了维护自己的利益，托马斯采取了以退为进的策略，最终达成了目标。当然，在店铺经营中不会出现托马斯遭遇的情况，但是很多顾客砍价时也是毫不手软，经验不足的销售人员在遇到杀价厉害的顾客时确实不知如何应对，甚至因为谈判技巧不足，使交易泡汤。但是，经验丰富的销售人员就会运用以退为进的策略，达成交易的目的。虽然说以退为进是一个好的谈判策略，但是在运用的时候一定要得当，不然碰到砍价高手就会把价格压得非常低。

那么，该怎样恰到好处地运用这一策略呢？

先不要急着让步。为了利于价格谈判，销售人员先不要急着和顾客谈价格，而是做好铺垫工作，在商品推荐这一环节做到足以打动顾客，使其产生强烈的购买欲。通常，顾客的这种欲望越强烈，在之后的价格谈判中就会越轻松。

不要大幅度让步。开店高手在让步时绝对不会大刀阔斧地让，而是把价格进行细分，然后在和顾客商谈时，每次让出一点。这样做的好处是，防止让出一大步后，顾客再步步紧逼，使自己太被动。对顾客而言，砍价除了能少花钱，还会在砍价中获得成就感。如果销售人员让步的步伐小一些，会让顾客觉得砍价不容易，而当他经过一次次砍价，达到最终的预期价格时，他就会非常有成就感。

让步是有条件的。在顾客砍价时，销售人员可以试探性地报出一个价格，然后看顾客的反应，在顾客不同意的情况下，也不要为了卖出商品，而自降身价地反复让步，以避免顾客对商品质量产生质疑。有些时候，做出让步需要向顾客提出一定的条件。比如，顾客要买一件衬衫，经过几番砍价后，顾客还继续下压价格的话，这时候销售人员可以提出条件：“这个价格已经没法再降了，要不这样，如果您一定要按您的价格成交的话，那您拿两件，虽然少挣点，但是我多卖了一件，不然我真的没办法让您拿走。”这样跟顾客提条件，即便他不会买两件，但也知道再砍下来价的可能性不大了。

让步的时间。在做出让步时，除了注意让步的幅度，还要掌握好让步的时间。正确的做法是让步要越来越慢。比如，第一次让步的时间为10分钟，在顾客继续砍价时，第二次让步的时间要设定为10分钟以上，之后让步的时间要越来越长，要让顾客感受到想继续砍价就得付出更大的努力。如果不懂得让步的时间技巧，一次比一次快，顾客会觉得砍价很容易，会不断压价。

让步的次数。在销售过程中，和顾客商谈价格时，做出让步的次数也要有一个心理预算，让步次数不要太多。俗话说“有再一再二，没有再三再四”，当你让步次数太多时，顾客会认为价格还可以继续往下砍。因此，开店高手认为，针对价格让步的次数三次比较合适，最多不要超过四次。

底线。争取双赢才是买卖的最佳结果。当顾客无下限地进行砍价时，一旦击穿底线，可以放弃交易，否则就是亏本做生意了。所以，为了防止发生这种情况，一定要在最初商谈价格的时候，把握住让步的幅度。

作为店主或者销售人员，在和顾客商谈价格时，一定要懂得变通，我们最终的目标是为了卖出商品并获得一定利益，当我们用某一种方法无法达到这个目标的时候，可以换一种方法，只要对完成目标有帮助的方法，我们都可以尝试，而面对顾客砍价时，销售人员运用以退为进的方式，巧妙地做出让步，对实现成交是有一定积极作用的。

35

巧用沉默法令顾客“痛下决心”

——利用适当的压力“逼迫”顾客成交

顾客在消费时，经常在即将成交的时候难以痛下购买的决心。在这种情况下，销售新手往往会因为急于求成，在顾客面前不停地催促成交，这种做法不但无益于让顾客做出成交决定，还可能使顾客心生反感，终止购买行为。但开店高手会采取另一种方式，即用冷处理的方式来促成交易。

顾客对销售人员是心存戒备的，所以在考虑是否成交的问题时，如果销售人员催得太紧，就会心生警惕。他会认为，销售人员为了卖货，而根本不为顾客着想。所以，顾客就会想得更多，更拿不定主意：“到底是买，还是不买？”经验丰富的销售人员在面对顾客的犹豫不决时，不但不会催促，还会表现出一副你“爱买不买”的样子，把顾客撂在那里，自顾自地忙自己的事情。这种行为其实也是一种沟通方式，销售人员的沉默，会让顾客产生一种揣测心理。在日常生活中，如果一方对他人的话语用沉默做回应的话，对方自然不知道他的真实想法。

法国国王路易十四当政时，每当大臣们因为政见不同而争来吵去的时候，他都会安静地坐在椅子上一言不发，他不动声色地看着他的大臣们各执一词，面红耳赤。当大家争论一番后，他也只是毫无感情色彩地说一句：“你们的建议我会考虑的。”然后就从椅子上下来，独自离开，留下那些不知所以的大臣们面面相觑。

路易十四对待大臣们的建议，经常只用一句“我会考虑的”来打发他们。国王的寡言少语，以及所表现的沉默淡然的态度，使大臣们无法揣度出他的心思，他们不知道路易十四内心的真实想法，只好唯命是从地听凭他的差遣。而路易十四沉默寡言的沟通方式，也使他的政权变得更加牢固。法国著名的政治家、作家圣西蒙曾这样评价路易十四：“没有哪个人能像路易十四一样，知道该用怎样的方式使自己说出的话更有威慑性，而他也因沉默寡言使自己的威望日益提升。”

毋庸置疑，路易十四因为懂得沟通的技巧，了解沉默胜于多言的道理，所以，他才总是在大臣们面前表现出一种寡言少语的样子，其目的无非是希望通过这样一种方式，让大臣们难以揣测出他的真正想法和意图，把主动权牢牢握在自己手里，同时也因为他用这种庄重的态度，提升了自己的威望，使政权得以巩固。

古人云："言多必失"，说得多了必然会有所暴露，甚至产生失误。所以，聪明的人往往少言寡语。

在销售活动中，顾客和销售人员之间是买卖不同方，各自都希望自身的利益不受损，因此一场交易就是一场博弈。有的时候越是不露声色，越容易占到优势。所以说，在和顾客商谈成交事项时，要懂得适时地做沉默状，让沉默变成一种无声的语言，帮助你去"造势"。

张军几年前开了一家锯木厂，后来他又要与别人合伙南下做生意，于是想把自己的厂房和机器卖掉，他对它们的估价是40万元，只要有人愿意出40万元，他就会将这些卖出去。有一个人听说张军要处理掉自己的厂房和机器，就过来找他商谈。在商谈时，这个人对张军的机器和厂房百般挑剔，指出各种毛病，并说这些东西值不了多少钱。面对这个人的说辞和态度，张军只是静静地听着，没发一言，也没给出自己的底线价格。

这位买主挑剔了半天，再也找不到可以挑剔的毛病后，见张军迟迟没有做出任何表态，只是摆出一副“好女不愁嫁”的样子，便主动与张军谈论起价格：“这样，我看了一大圈了，你这厂房和机器我就给你60万元，多了我也拿不出，你看怎么样？”听到买主开出的价格后，张军一阵窃喜，他没想到买主最后竟然以高出自己估价20万元的价格购买机器和厂房。就这样，张军和买主一手交钱一手交货地完成了交易。

在销售活动中，有时候就是这样，销售人员的一百句可能顶不上一言不发。当顾客左思右想销售人员怎么劝说都无果的情况下，干脆就让顾客一个人去想，不给他任何建议。当然，这种做法并不是说，就真的不再去搭理顾客，而是运用“欲擒故纵”法，先把顾客晾在一边，以“你爱怎样就怎样”的方式，使顾客在无形中感受到一种压力，并在这种压力的驱使下痛下购买决定，完成交易。

大家都知道“欲擒故纵”的目的是“擒”，而“纵”是为了达到“擒”的目的所采用的方法，是为了一举拿下敌人，先暂时放松一步，让敌人放松警惕，然后再一击制敌。在销售活动中，当销售人员在催促顾客成交时，顾客会对销售人员的“志在必得”产生戒备心理。开店高手或者经验丰富的销售人员这时就会使用“欲擒故纵”法，故意“怠慢”顾客，使其放下心里的戒备。

虽然运用“欲擒故纵”法促成交易往往可以取得不错的效果，但是使用这一方法时，要把握好分寸，运用得当才能起到促成交的效果，如果运用不得当的话，不仅达不到想要的效果，还有可能失去成交的机会。而想运用这一方法，销售人员就要在介绍产品时，使顾客对其拥有的价值非常满意，这样才可以运用“欲擒故纵”法。接下来就是商量价格的问题了。如果顾客嫌价格高，可以把买这件商品的好处和不买这件商品可能遭受的损失告诉顾客，不过在这个过程中，不要催促顾客成交，可以对顾客说：“到底买不买您自己好好想一下，买这样一件商品的确不算一笔小消费。”这时，如果顾客还在犹豫，销售人员可以去一边的货架旁整理商品，装出忙碌的样子，把顾客晾在一边。

在销售活动中，往往会在关键的价格商谈上出现问题，使顾客和销售人员陷入谈判的僵局，甚至使原本可以成交的机会白白失去。因此，开店高手在这一环节上，遇到犹豫不决的顾客时，经常会运用“欲擒故纵”法，来拉长时间线，给顾客一种“宠辱不惊”的印象，让顾客自己来衡量买与不买的“得”与“失”，从而使其受到“物以稀为贵”的暗示，激发出购买欲，促成交易。

36

不失时机地要顾客成交

——成交时，顾客需要销售人员推一把

很多新手在销售活动中，往往不知道什么时候向顾客提出成交的要求，用什么样的方式更有利于促成成交。在销售活动中，最关键的就是成交这一步，前期的所有铺垫都是为了成交，没有成交就没有销售，之前所做的一切也就毫无意义。那么，对于销售人员来说，一定要有一个好的心态，要敢于向顾客提出成交要求，要懂得如何帮助顾客下定成交的决心，完成销售任务。

很多时候，经验不足的销售人员，尽管之前的商品介绍和推荐，做得还可以，但是到了向顾客提出成交的阶段，往往不知怎么开口，总觉得提出成交好像在强迫顾客购买一样。

其实，是否让顾客感觉到强迫购买要看前期的工作有没有做到位。那怎样才算做到位了呢？一般来说，当销售人员已经取得了顾客的信任，也了解了顾客的需求，并且为顾客介绍了相应的商品，顾客也没有再提出异议，前期工作就算做到位了。这时候，基本上可以断定进入成交阶段了。如果这个时候，销售人员因为心里有障碍，害怕顾客对商品还有不满意的地方，而提出成交要求的话，会被拒绝，就无法使销售进入成交的关键阶段，所以销售人员的这种心理障碍一定要消除。而消除的办法就是正确认识成交这一问题。

帮助顾客节约时间。在销售过程中，如果顾客迟迟不能做出购买决定，无论对销售人员还是顾客来说，都是一种浪费时间的行为，只要顾客不结账，就会一直在那里左思右想，无法下决定。所以，销售人员要看准时机，及时地提出成交要求，帮助顾客结束这种没完没了的纠结。

帮助顾客做决定。顾客之所以迟迟不能决定到底买不买，或者买什么，有时候可能是因为对价格不满意，有时候可能是对商品不满意，还有可能是在销售人员推荐的两件商品之间，不知道该选择哪一件。不管是哪类问题，只要了解清楚顾客犹豫的原因，然后针对这一原因给出合理的建议，或者进行恰当的说服，基本上是可以让顾客做出成交决定的。

首先，当顾客不知道在两件商品中选择哪件时，销售人员应该怎样做呢？顾客在最初选购商品的时候，在一类商品中，往往会挑选几件出来比较，而销售人员在介绍和推荐商品的时候，也不会只介绍和推荐一件商品，这往往会使顾客在最后成交时陷于选择困难的境地。任何一个顾客购买商品时，都需要对这件商品有一个全面了解、一个整体权衡，那么面对几件商品时，如果顾客在权衡之后，不知怎样取舍的话，就会没完没了地思考，这样既耽误销售人员的时间，又有可能使销售人员失去成交的机会。所以，在这种情况下，销售人员一定要主动帮助顾客挑选，从而让他做出购买决定。

李梅是一家商场首饰专卖店的销售人员。一天，一个中年妇女来到首饰柜台前，说要看看手镯。李梅问她是给自己买还是给女儿或者儿媳买。这位顾客说，想给自己的女儿买，后天是女儿20岁生日，她想送给女儿一只手镯。李梅为顾客推荐了两款，顾客觉得其中一款价格太高了，于是李梅又帮她选了一款金手链。李梅看顾客对手镯和金手链都挺满意，就说："那您就在两个里面选一个吧。"这时，顾客却犹豫起来，不知道该选哪一个，想了半天后却说："这样吧，我明天带女儿过来，毕竟是买给她的，还是让她自己来挑，只有她满意才行。”

第二天，这位顾客带了女儿过来，结果女儿也不知道选哪一个，她既喜欢金手链，又喜欢金手镯。就这样，娘儿俩始终拿不定主意。于是，李梅跟她们说：“依我的建议，你们就买这款手链吧，它最大的特点就是极具青春元素，非常适合女孩子。”接着，李梅又对女孩说：“你的皮肤特别白嫩，手臂也比较细，很适合这款手链，而且相比手镯来说，它也更灵动轻巧些。金手镯显得比较成熟，等你年龄再大一些买它也不迟。而且手镯容易变形，因为年轻人比较好动，所以很容易使它变形。”女孩和她妈妈觉得李梅说得很有道理，最终选择了那款手链，结账后高高兴兴地离开了。

在这个案例中，李梅在给顾客推荐商品时，考虑到顾客是买给20岁女儿的，因此，她遵从顾客的心愿给她介绍了手镯后，又帮她介绍了一款手链。因为手镯和手链还是有可选性的，没想到女孩来了之后，依旧十分犹豫，所以李梅才在最后帮助她们做出了选择。在推荐商品时，李梅还是运用了一点小技巧，就是没有帮她们推荐相似度特别高的两件商品，这样在她帮助顾客做出选择时，还是比较容易找到商品各自的特点来说服她们的。

其次，当顾客的犹豫来自商品的价格时，如何说服顾客呢？这时候需要销售人员帮助顾客做出购买决定，并且在这个过程中不能让顾客太尴尬。为了避免顾客在价格上犹豫不决，首先，在顾客进店后，要耐心和顾客交流，了解清楚顾客的理想价位，如果顾客选择商品的价位是1000~2000元，销售人员就可以为顾客推荐1000~2000元的商品，但不要超过3000元。也就是说，不要在顾客理想的价位基础上，加价太多，或者降价太多，否则顾客会感觉不舒服。

另外，还有一种情况，那就是顾客选择的两款商品，虽然款式差不多，但是价位相差比较大。这时，要和顾客讲清楚，价格高的那款商品，它的优势是什么，低价位的好处又在哪里，然后看看顾客的反应怎样。如果顾客觉得自己更喜欢价位高的那款时，销售人员要说明自己为什么会推荐价位低的商品，告诉顾客它的优点在哪里。只要找到自己的说服点，告诉顾客他应该选择这一款，同时又不让顾客丢面子，这一单往往就能成交。

一天，张芳的首饰专柜来了一个男顾客，通过询问，张芳了解到这位顾客想要选一枚求婚戒指，价位在2000~3000元。于是张芳为这位顾客挑选了三款这个价位的戒指。顾客看了一会儿，把其中的两款拿在手里端详，看得出来他对这两款戒指是比较喜欢的。但是，张芳好像并没有意识到这一点，还在全心全意地帮助顾客挑选其他的戒指。这时，张芳的同事孙杰连忙过来，悄悄阻止了张芳的行为，并对这位顾客说：“您眼光真好，这两款戒指都是女孩比较青睐的，前两天还有一位男士选择了其中的一款送给女朋友。您看这两款您更喜欢哪一款？”顾客看了一会儿说：“两款都不错，但我更喜欢这个价位高一点的，只是不知道我女朋友喜欢哪一款？”孙杰说：“那您就拿价位高一点的这款吧，这款很受女孩子欢迎的，虽然价格高一点，但咱求婚嘛，也不差这几百元，女朋友高兴比什么都强。您说是吗？再说，以后结婚了就是一家人，这个钱你也没花在别人身上，这也是财产啊。”男顾客听了孙杰的话后，觉得也是这个理，想了想就选了价位高的那款戒指。

张芳是新手，在销售方面还没有经验，孙杰是她的组长。看到男顾客已经有了心仪的戒指后，张芳还在帮忙挑选，孙杰就马上过来阻止了张芳，因为他知道这时候顾客已经有了选择，就不用再帮忙挑选其他的了，而应该立刻进入成交阶段。当知道顾客是因为价格犹豫后，他又及时说服了顾客，使这桩生意最终成交。

孙杰的做法是非常正确的，既避免了张芳拿出更多的戒指，使情况可能变得复杂化，又及时弄清楚了顾客犹豫的原因，并给出恰当的建议，使顾客买了戒指离开。一个经验丰富的销售人员，一个开店高手在遇到这种情况后，都会如孙杰一样干脆果断地向顾客提出成交。

只有提出成交要求才能了解顾客犹豫的原因。很多时候，在顾客挑选了商品之后，看着好像他并不担心什么问题了，但其实未必如此。在销售人员没有提出成交之前，他可能还没有意识到一些需要顾虑的问题，或者心里有疑问，只是不知道怎么表达而已。因此，顾客不说出顾虑不代表顾客没有问题。而这些隐藏的问题可能恰恰是顾客犹豫不决的关键。只有大胆提出成交要求，才能让顾客意识到自己的疑虑，并说出自己的疑虑，销售人员才能根据顾客心里的担忧，给出恰当的解释和建议，打消顾客的顾虑，使顾客做出购买决定。

顾客的犹豫既浪费顾客的时间，也浪费销售人员的时间，而到底买不买终究是要做决定的，因此，销售人员一定要及时向顾客提出成交要求，打破销售停滞的局面，使销售取得成功。